U0651060

汉字趣读

HANZI QU DU

——小学语文字理教与学

◉ 曾志权 杨 艳 主编

辽宁大学出版社 | 沈阳
Liaoning University Press

图书在版编目（CIP）数据

汉字趣读：小学语文字理教与学/曾志权，杨艳主编．--沈阳：辽宁大学出版社，2022.7（2023.9重印）
ISBN 978-7-5698-0752-3

Ⅰ.①汉⋯　Ⅱ.①曾⋯②杨⋯　Ⅲ.①识字课－教学研究－小学　Ⅳ.①G623.222

中国版本图书馆 CIP 数据核字（2022）第 091687 号

汉字趣读
HANZI QU DU

出　版　者：辽宁大学出版社有限责任公司
　　　　　　（地址：沈阳市皇姑区崇山中路 66 号　　邮政编码：110036）
印　刷　者：鞍山新民进电脑印刷有限公司
发　行　者：辽宁大学出版社有限责任公司
幅面尺寸：145mm×210mm
印　　张：6
字　　数：100 千字
出版时间：2022 年 7 月第 1 版
印刷时间：2023 年 9 月第 2 次印刷
责任编辑：李天泽
封面设计：韩　实
责任校对：黄　铮

书　　号：ISBN 978-7-5698-0752-3
定　　价：35.00 元

联系电话：024-86864613
邮购热线：024-86830665
网　　址：http://press.lnu.edu.cn

本书编委会

主　编　曾志权　杨　艳

编　委　（按姓氏汉语拼音字母顺序排列）

陈素琨　段江峰　何　飞

孙必武　王　辉　谢美君

谢小祥　周　琛　张沙沙

张　媛

序

亲爱的小朋友：

你好啊！

你知道吗？我们每天使用的汉字已经有五千多岁了。她沿着历史的长河，从甲骨金文到篆隶草行楷，一路走来，以象形为内核，生生不息，悠然前行，是中华民族文化史上熠熠生辉的瑰宝！

你知道吗？我们的汉字有多美：她音美如歌，形美如画，意美如诗，是世界上最美的语言之一。一个"人"字，一撇一捺，简简单单，似乎是为几千年前那些躬身垂臂、面朝黄土背朝天的先祖们吟咏着永不漫灭的赞歌："日出而作，日入而息。凿井而饮，耕田而食……"这每一个汉字啊，都是一幅美丽的画卷，也是一个动人的故事，更是一位睿智的老者，在静静地向我们讲述着先祖们的智慧！

庄子云："指穷于为薪，火传也，不知其尽也。"

目之所及，心之所系。一直以来，我们躬耕三尺讲台，传承汉字文化，集结学校字理课题研究组成员的力量，共同编写了《汉字趣读——小学语文字理教与学》。全书将汉字分为八个单元，即"天地玄黄""草木有心""万物有灵""天之骄子""身体发肤""衣食住行""国之干城""四正八邪"，每个单元安排了五个独体字（大多数是象形字），先以图文并茂的方式展示汉字的演变过程，再以群文阅读的方式，将与汉字有关的成语、诗文、典故等内容进行整合编辑，力求为你呈现最美的汉字、最精彩的内容，力争最大限度满足你的阅读需求。

当你拿起这本书时，也许还只是一个一年级的小朋友。此时，你不要担心读不懂它，因为我们希望你能在老师的带领下，在家长的陪伴下，一起读读这本书：也许你的目光正停驻在图文并茂的汉字演变上，一个又一个，充满新奇；也许你会被书中富有节奏的成语，富有韵味的诗歌所吸引，朗朗而读；也许你是喜欢上了书中精彩的故事，缠着大人们一遍又一遍地讲给你听……此时，我一定满心欢喜，相信你也一定会满心欢喜，迈进汉字殿堂，与汉字结下深厚情谊！当你再次拿起这本书时，也许已经是一个大朋友了。此时，请你翻开这本书，也许不曾见过的美丽风景就藏在其中：读懂每一个汉字背后的智慧，了解每一个汉字的来龙去脉，感受每一篇古文言简而意蕴无穷的魅力……此时，我一定也是满心欢喜，相信你也一定是满心欢喜，欢喜与汉字更深的结缘，遇见一个不一样的自己！

所有的欢喜，我都满心期待着……

殷江峰

2022 年 4 月 6 日

目 录

身体发肤

衣食住行

国之干城

四正八邪

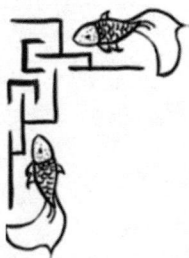

天地玄黄

天地玄黄，宇宙洪荒。日月盈昃（zè），辰宿列张。

——《千字文》

日

汉字演变

甲骨文　　金文　　小篆　　楷书

"日"是象形字。甲骨文、金文中的"日"字，都是一个圆圈中间有一个小黑点，像太阳的形态。后来为了便于书写，字形的轮廓被改作方形，中间的一点改作了一横。

造字本义

日，本义即太阳，这是人类最早认识的宇宙事物之一。因其在白天发光，与黑夜发光的"太阴"（即月亮）相对，故称"太阳"。

3

汉字词条

风和日丽　日积月累　日月如梭　日新月异
日行千里　如日方升　日久天长　蒸蒸日上

汉字文迹

日，实也。太阳之精不亏。

——《说文解字·日部》

天无二日，太阳也。

——《孟子》

汉字诗篇

《千字文》（节选）

天地玄黄，宇宙洪荒。
日月盈昃（zè），辰宿列张。

春　日

［宋］朱熹

胜日寻芳泗水滨，无边光景一时新。
等闲识得东风面，万紫千红总是春。

汉字故事

夸父与日逐走，入日；渴，欲得饮，饮于河、渭；河、渭不足，北饮大泽。未至，道渴而死。弃其杖，化为邓林。

——《山海经》

夸父逐日

传说在很久以前，山林深处生活着一群力大无穷的巨人。他们的首领是幽冥之神"后土"的孙子，名字叫作夸父。

有一年天气十分炎热，火辣辣的太阳照射着大地。夸父族的族人热得难以忍受，纷纷死去。夸父见族人相继离去，十分难过，他指着太阳怒吼道："太阳太可恶了，我要追上太阳，捉住它，让它听人的指挥。"夸父开始追赶太阳，跑得快极了，一眨眼的工夫，就跑了一千多里路。他跑呀，跑呀，一直追到太阳下山的地方。可是太阳像个火球，还喷着火焰，把夸父烤得口干舌燥。他转身跑到黄河旁边，弯下身子，一口气就把黄河的水喝光了，可还是不解渴。他又跑到渭河边，一口气又把渭河的水喝光了，仍不解渴。

这时，他想起了北边有一个像大海一样宽广的大湖——大泽，他赶快向北方跑去。但大泽太远了，夸父越跑越慢，最终渐渐地停下来，像山一样的身躯倒下了。夸父就这样渴死了，他的手杖掉在地上，长成了一棵桃树。后来，这地方竟长出了一棵又一棵桃树，变成了郁郁葱葱的桃树林。

| 月 |

汉字演变

甲骨文　　金文　　小篆　　楷书

"月"是象形字。甲骨文、金文描摹的都是一轮缺月的形状，小篆的形态变得不太像月亮的样子了。隶变后，楷书写作"月"。

造字本义

月：名词，绕地球运转、反射日光而在地球的夜空发亮、有周期性圆缺变化的卫星，亦即地球的天然卫星——月亮。

汉字词条

嫦娥奔月　经年累月　披星戴月　日月如梭
晓风残月　春花秋月　闭月羞花　花容月貌

汉字文迹

月，缺也。太阴之精。象形。凡月之属皆从月。

——《说文解字·月部》

月者，阴之宗也，是以月虚而鱼脑减。

——《淮南子·天文》

汉字诗篇

《三字经》（节选）

三才者，天地人。
三光者，日月星。

静夜思

［唐］李白

床前明月光，疑是地上霜。
举头望明月，低头思故乡。

汉字故事

　　羿请不死之药于西王母，托与姮（héng）娥。逢蒙往而窃之，窃之不成，欲加害姮娥。娥无以为计，吞不死药以升天。然不忍离羿而去，滞留月宫。广寒寂寥，怅然有丧，无以继之，遂催吴刚伐桂，玉兔捣药，欲配飞升之药，重回人间焉。

——《淮南子·外八篇》

嫦娥奔月

　　传说神射手后羿的妻子嫦娥，是一位人美心善的女子，她常常接济生活贫苦的村民，因而村民们十分爱戴她。

　　后羿射下了九个太阳有功，西王母送给后羿一枚神奇的仙药。吃了这种仙药，不仅可以长生不老，还可以飞升天上，成为神仙。后羿把仙药交给妻子保管。

　　这件事被后羿的徒弟逢蒙知道了，他一心想把这枚仙药偷到手。农历八月十五这天清晨，后羿带弟子们出门去了。逢蒙觉得机会来了，他假装生病留下来。天一黑，逢蒙就手提宝剑，威逼嫦娥把仙药交出来。嫦娥机智地与逢蒙周旋。逢蒙见嫦娥迟迟不拿仙药，心中生疑，开始翻箱倒柜，四处搜寻，眼看就要搜到百宝匣了。嫦娥十分焦急，只能疾步向前，趁逢蒙没注意，取出仙药，一口吞了下去。

嫦娥吃了仙药，飘飘悠悠地向窗外飞去。她飞出了窗子，飞过高高的山峰，就这样，越飞越高，一直飞到了月亮之上。

从此，嫦娥就居住在月宫中，只有一只白兔和一棵桂树陪伴她。她终日思念后羿，以泪洗面，只好计划着调配能让人飞升的仙药来重返人间。

火

汉字演变

甲骨文　　金文　　小篆　　楷书

　　"火"是象形字，甲骨文的字形似一团燃烧的火焰。金文把甲骨文字形内部填实了。小篆线条化，并保留了向上的火苗之形。隶变后，楷书写作"火"。

造字本义

　　火：名词，物体燃烧时产生的光焰。

汉字词条

万家灯火　　火树银花　　救民水火　　燎原烈火

赴汤蹈火　　钻冰求火　　烈火真金　　不食烟火

汉字文迹

火，毁也。南方之行，炎而上。象形。凡火之属皆从火。

——《说文解字·火部》

火，水妃也。春秋感情符，火者阳之精也。

——《左传·昭公九年》

汉字诗篇

《千字文》（节选）

龙师火帝，鸟官人皇。
始制文字，乃服衣裳。

赋得古原草送别（节选）

［唐］白居易

离离原上草，一岁一枯荣。
野火烧不尽，春风吹又生。

汉字故事

遂明国不识四时昼夜,有火树名遂木,屈盘万顷。后世有圣人,游日月之外,至于其国,息此树下。有鸟若鸮(xiāo),啄树则灿然火出。圣人感焉,因用小枝钻火,号燧人。

——《燧人钻木取火》

钻木取火

据说在很久很久以前,人们还不知道世界上有火,更不用说使用火了。每当太阳落山后,四周便一片漆黑,只有天上的明月陪伴着人们。

有一个叫遂明国的国家,生长着一棵叫遂木的巨树。树上生活着一种神奇的大鸟,它喜欢用又长又尖利的嘴在树上捉虫吃。它们每啄一下树干,就会带出一道亮光,人们就靠这些光来照明。

这一天,从远方来了一位圣人,对这种现象感到十分好奇,他走到树下抬头仔细看了看,心想:难道是这树干里面装着火吗?我是不是可以钻开树干把火取出来呢?

于是,他找来一根十分坚硬的树枝,使劲在遂木上钻,在他的不懈努力下,真的钻出了火花。圣人更有干劲了，接着不断试验，发现在别的木头上钻，也能让木头产生火花。

从这以后，人类不再需要大自然中的雷电来点燃树木当作火种了。钻木取火这个发明极大地提升了人们的生活质量，这位圣人也因此受到了后人的敬仰，被尊称为"燧人氏"，就是取火者的意思。

水

汉字演变

甲骨文　　金文　　小篆　　楷书

　　"水"是象形字，甲骨文、金文和小篆形态都像弯弯曲曲的流水，其中"几点"表示激流中溅起的水花。隶变后，楷书写作"水"。

造字本义

　　水：名词，从山岩或峭壁上飞溅而下的山泉。在造字时代，水流的源头叫"泉"；石壁上飞溅的山泉叫"水"。

15

汉字词条

万水千山　青山绿水　滴水穿石　水落石出
细水长流　山重水复　如鱼得水　高山流水

汉字文迹

水，准也。北方之行。象众水并流，中有微阳之气也。

——《说文解字·水部》

鱼处水而生，人处水而死，彼必相而异，其好恶故
异也。

——《庄子·至乐》

汉字诗篇

《三字经》（节选）

曰江河，曰淮济。
此四渎，水之纪。

赠汪伦

［唐］李白

李白乘舟将欲行，忽闻岸上踏歌声。
桃花潭水深千尺，不及汪伦送我情。

汉字故事

　　张乘崖为崇阳令，一吏自库中出，视其鬓（bìn）旁巾下有一钱，诘之，乃库中钱也。乘崖命杖之，吏勃然曰："一钱何足道，乃杖我耶？尔能杖我，不能斩我也！"乘崖援笔判曰："一日一钱，千日千钱，绳锯木断，水滴石穿。"自仗剑下阶斩其首。

——《鹤林玉露》

水滴石穿

　　宋朝时，有个叫张乘崖的人，在崇阳县担任县令。当时，崇阳县的社会风气很差，盗窃成风。张乘崖决心好好刹一刹这股歪风。

　　一天，他在衙门周围巡行，看到一个管理县衙钱库的小吏，慌慌张张地从钱库中走出来。张乘崖急忙把库吏喊住，问："喂！你这么慌慌张张干什么？""没什么。"那库吏回答道。张乘崖联想到钱库经常失窃，判断库吏可能监守自盗，便让随从对库吏进行搜查。结果，在库吏的头巾里搜到一枚铜钱。张乘崖把库吏押回大堂审问。库吏不承认偷过钱，张乘崖便下令杖打。库吏不服，怒气冲冲地喊叫："偷了一枚铜钱有什么了不起，你竟然这样杖打我？你也只能打我罢了，难道你还能杀我?"张乖崖听到小吏这样说,觉得此人不但不知悔改,还如此猖狂,顿时十分震怒。他毫不犹豫地拿起朱笔,宣判说:"一日一钱,千日千钱,绳锯木断,水滴石穿。"判决完毕,张乖崖亲自提剑走下台阶将库吏斩首示众。

　　从此以后,崇阳县的偷盗之风被刹住,社会风气也大大地好转了。

山

汉字演变

| 甲骨文 | 金文 | 小篆 | 楷书 |

"山"是象形字，甲骨文和金文的"山"字像山峰并立的形状。"山"又是汉字的一个部首。本义是地面上由土石构成的隆起部分。

造字本义

山：名词，起伏叠嶂的峰岭。两峰相连或零散不具方向的小山叫"丘"；众峰（三峰及以上）相连、形成一定走向的群峰叫"山"。

汉字词条

万水千山　人山人海　大好河山　气吞山河

山珍海味　开门见山　恩重如山　排山倒海

汉字文迹

山，宣也。宣气散，生万物，有石而高。象形。凡山之属皆从山。

——《说文解字·山部》

有物于此，生于山阜（fù），处于室堂。

——《荀子·赋》

汉字诗篇

《三字经》（节选）

曰岱华，嵩恒衡。

此五岳，山之名。

枫桥夜泊

［唐］张继

月落乌啼霜满天，江枫渔火对愁眠。

姑苏城外寒山寺，夜半钟声到客船。

汉字故事

北山愚公者，年且九十，面山而居。惩山北之塞，出入之迂也，聚室而谋曰："吾与汝毕力平险，指通豫南，达于汉阴，可乎？"杂然相许。

——《列子·汤问》

愚公移山

很久很久以前，太行和王屋这两座大山北面，住着愚公一家人。愚公年龄都将近九十岁了。由于大山挡住了家门前的路，他们出来进去都要绕道，很不方便。

愚公决定把这两座山移走。于是，他聚集全家人商量，决定铲除险峻的大山。第二天，他们全家就齐心协力干起来了。愚公率领儿孙中能挑担子的三个人上了山，凿石头、挖土，用箕（jī）畚（běn）运到渤海边上。邻居京城氏的寡妇有个男孩，刚刚换牙的年纪，也蹦蹦跳跳地去帮助他们。住在黄河边的智叟看到后就嘲笑愚公，阻止他干这件事，说："你都快九十岁了，怎么能够将一座山移走呢？"愚公回答道："我死了，我还有儿子，我的儿子还会生孙子，子子孙孙是无穷无尽的。这两座大山却不会再长高，只要不断地挖，我们总有一天会把山挖平。"智叟无话可说。

天帝知道了愚公移山这件事，很感动，就派了两个大力神将那两座大山背走了。从此以后，愚公家门前再也没有大山挡路了。

汉字链接

结绳记事

上古无文字，结绳以记事。

据说，在人类创造文字之前，最早就是用"结绳记事"方法记录事情。这在《庄子·胠（qū）箧（qiè）》中也有记载。

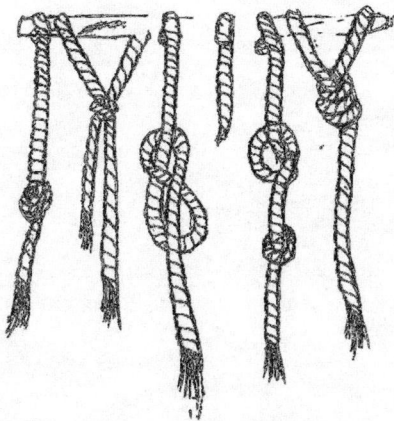

"结绳记事"又是如何实施的呢？《春秋左传集解》云："古者无文字，其有约誓之事，事大大其绳，事小小其绳，结之多少，随物众寡，各执以相考，亦足以相治也。"也就是说远古时代没有文字，如果有重大的事，就用柔软而具有韧性的树皮搓成细绳，然后将数十条细绳排列整齐悬挂在一处，然后在上边打结记事。大事打大结，小事打小结，先发生的事打在里边，后发生的事打在外边。

　　时至今日，"结绳记事"早已成为遥远的历史了。然而，对于中国远古时代的人们来说，这些大大小小的结是他们回忆过去的唯一线索，也是人类智慧的结晶。

草木有心

水陆草木之花，可爱者甚蕃。

——《爱莲说》

木

 **汉字演变**

甲骨文　　金文　　小篆　　楷书

　　"木"是象形字。甲骨文和金文都像一棵树的形状，上面是伸展的树枝，下面是树根。小篆整齐化。隶变后，楷书写成"木"。

造字本义

　　木：本义为树木。引申为木本植物的通称，又引申为木材、木制品。因木质实在，敲击时声音很钝，故"木"又引申指呆笨、麻木。

27

汉字词条

入木三分　移花接木　木已成舟　缘木求鱼

木本水源　水木清华　枯木逢春　呆若木鸡

汉字文迹

故木受绳则直，金就砺则利。

——《荀子·劝学》

水陆草木之花，可爱者甚蕃。

——《爱莲说》

汉字诗篇

《千字文》（节选）

鸣凤在竹，白驹食场。

化被草木，赖及万方。

登高（节选）

[唐] 杜甫

风急天高猿啸哀，渚清沙白鸟飞回。

无边落木萧萧下，不尽长江滚滚来。

汉字故事

令既具，未布，恐民之不信，已乃立三丈之木于国都市南门，募民有能徙置北门者予十金。民怪之，莫敢徙……有一人徙之，辄予五十金，以明不欺。

——《史记·商君列传》

南门立木

战国初期，秦国还很弱小。秦孝公即位后，决心发愤图强。他求贤若渴，吸引了不少人才。

商鞅在卫国得不到重用，就跑到了秦国，受到了秦孝公的礼遇。秦孝公在商鞅建议下开始进行改革。但是，由于一些贵族和大臣的阻挠，颁布的法令得不到百姓的信任，改革陷入了困境。为了改变这个局面，商鞅派人在都城的南门竖起了一根三丈高的木头，并下令说："谁把这根木头扛到北门，就赏十两黄金。"

这个消息迅速引来了一大堆人，大家七嘴八舌，你瞧我，我瞧你，就是没人去扛木头。于是，商鞅又下令将赏金提高到五十两。这下子，大家更加惊疑不定。

突然，一个人跑了出来，扛起木头就往北门去了。当大家还在猜疑时，商鞅已经派人把赏金送到了那个人的手里。这件事立即传开了，一下子轰动了整个秦国。

　　商鞅就这样巧妙地获得了百姓的信任。从此，商鞅的法令得到了顺利的推行。秦国的国力也与日俱增，逐渐成为战国中后期最强大的国家。

竹

汉字演变

金文　　小篆　　楷书

"竹"是象形字。金文像两枝下垂的竹叶，一说两边下垂的笔画，表示笋壳。小篆与金文相似。隶变后，楷书写作"竹"。

造字本义

竹：本义就是竹子。竹子是古代制作乐器的重要材料，故而"竹"可指代管乐器，还可指代竹简。

汉字词条

势如破竹　青梅竹马　胸有成竹　竹报平安
罄竹难书　茂林修竹　竹清松瘦　丝竹管弦

汉字文迹

秩秩斯干，幽幽南山。如竹苞矣，如松茂矣。

——《诗经·小雅·斯干》

宴酣之乐，非丝非竹。

——《醉翁亭记》

汉字诗篇

《声律启蒙》（节选）

丁固梦松，柯叶忽然生腹上；
文郎画竹，枝梢倏尔长毫端。

墨竹图题诗

［清］郑板桥

衙斋卧听萧萧竹，疑是民间疾苦声。
些小吾曹州县吏，一枝一叶总关情。

汉字故事

故画竹，必先得成竹于胸中，执笔熟视，乃见其所欲画者，急起从之，振笔直遂，以追其所见，如兔起鹘落，少纵则逝矣。

　　　　　——《文与可画筼（yún）筜（dāng）谷偃竹记》

胸有成竹

　　松、竹、梅被称作"岁寒三友"，深受文人雅士的喜爱。苏轼与文同之间就留下了一段与竹有关的趣话。

　　苏轼酷爱竹，文同擅画竹。他们俩交往密切，经常一起吟诗作画。文同曾画竹赠给苏轼，苏轼则以诗文酬答。苏轼认为，画竹时心里一定要有完整的竹子形象，就像眼前看到了所想画的竹子，然后抓住灵感一气呵成，就像兔子一跃而起、鹰隼（sǔn）俯冲而下。这样画出来的竹子才会气韵生动。当然，不仅作画如此，作文也是如此。这就是成语"胸有成竹"的来历。

　　文同廉洁，不食肉而喜食笋。苏轼写诗调侃，"汉川修竹贱如蓬，斤斧何曾赦箨（tuò）龙。料得清贫馋太守，渭滨千亩在胸中。"意思是文同清贫嘴馋，连鲜嫩的竹笋也不放过，将渭水边的几千亩竹林都吃进了肚子里。"渭滨千亩在胸中"一句，又是对文同作画"成竹在胸"的由衷赞赏。文同听了，也连笑不止。

禾

汉字演变

甲骨文　　金文　　小篆　　楷书

　　"禾"是象形字。甲骨文、金文都像一棵成熟了的谷子，沉甸甸的谷穗弯垂着。小篆线条化，与甲骨文、金文的形体大体相同。隶变后，楷书写作"禾"。

造字本义

　　禾：本义是谷子。泛指庄稼。有时，"禾"还特指禾苗，就是初生没有吐穗的水稻。"禾"是个部首字。凡由"禾"组成的字，都与五谷、粮食、作物等义有关，如"稻""秧""稞"。

汉字词条

风禾尽起　禾黍之悲
禾头生耳　故宫禾黍

汉字文迹

嘉谷也。二月始生，八月而孰（熟），得时之中，故谓之禾。

——《说文解字·禾部》

秋，大熟，未获，天大雷电以风，禾尽偃。

——《尚书·金縢（téng）》

汉字诗篇

《增广贤文》（节选）

学者是好，不学不好。

学者如禾如稻，不学如草如蒿。

悯　农

[唐] 李绅

锄禾日当午，汗滴禾下土。

谁知盘中餐，粒粒皆辛苦。

汉字故事

海内昆仑之虚，在西北，帝之下都。昆仑之虚，方八百里，高万仞。上有木禾，长五寻，大五围。面有九井，以玉为槛。面有九门，门有开明兽守之，百神之所在。在八隅之岩，赤水之际，非夷羿莫能上冈之岩。

——《山海经》

禾下乘凉梦

据《山海经》记载，在昆仑山上生长着一种木禾，高达五寻，要五人才能合抱。这反映了先人们美好梦想的图景：人们正手拉着手，在木禾下载歌载舞，欢庆丰收呢！

民以食为天。潮起潮落，王朝更迭，粮食是深藏于历史幕后的主角，任凭岁月的侵蚀，也消磨不了梦想的底色。年复一年，人们怀揣着梦想辛勤劳作，挥洒汗水浇灌出苗壮的禾苗。

千年沧桑，白驹过隙。在中华大地上，又走来了一位耕耘者。他，就是袁隆平。他辗转于田畴，步履坚定，目光专注。他说他做了一个梦：他种下的禾苗，长得跟高粱一样高，稻穗像扫把那么长，颗粒像花生米那么大，他和他的朋友们坐在下面乘凉……许许多多像他一样的人"俯首甘为孺子牛",耕耘着这个千年以来的梦想。

后来,中国就有了杂交水稻,人们不再受饥饿的困扰,浩瀚的宇宙里也升起了一颗"袁隆平星"。

如今,我们培育的巨型稻早已长得和姚明一样高了。先辈们的梦想图景也变得越来越清晰。五千年中华文明的种子正在孕育无穷的力量!

瓜

汉字演变

金文　　　小篆　　　楷书

"瓜"是象形字。金文像长长的瓜蔓，中间有一个已经成熟还结在蔓上的大瓜。小篆线条化。隶变后，楷书写作"瓜"。

造字本义

瓜：蔓生植物，叶如手掌，果实可以吃，种类很多，其中有水果，也有蔬菜。引申指状如瓜的器物。还有一个很著名的典故"瓜代"，指的是接职继任。

汉字词条

顺藤摸瓜　瓜熟蒂落　瓜田李下　滚瓜烂熟

及瓜而代　甘瓜苦蒂　沉李浮瓜　东门种瓜

汉字文迹

七月食瓜，八月断壶，九月叔苴，采荼薪樗（chū），食我农夫。

——《诗经·豳（bīn）风·七月》

虽蔬食菜羹，瓜祭，必齐如也。

——《论语·乡党》

汉字诗篇

《笠翁对韵》（节选）

云对雨，水对泥，白璧对玄圭。

献瓜对投李，禁鼓对征鼙（pí）。

解闷十二首（节选）

[唐] 杜甫

一辞故国十经秋，每见秋瓜忆故丘。

今日南湖采薇蕨（jué），何人为觅郑瓜州。

汉字故事

齐侯使连称、管至父戍葵丘。瓜时而往，曰："及瓜而代。"期戍，公问不至；请代，弗许；故谋作乱。

——《左传》

及瓜而代

春秋时期，齐襄公荒淫无道，齐国宫廷内外人人自危。当时，为了防备周兵，齐襄公派连称和管至父去戍守葵丘。

两位将军心中很不情愿，但也不敢违抗。临走时，他们小心翼翼地问道："我们什么时候可以回来呢？"这时候，齐襄公正在吃瓜，他眼皮也没抬一下，随口就说："现在正是瓜熟的季节，等到明年这个时候，就派人去接替你们吧。"

花开花落，一年转眼就过去了，地里的瓜又熟了。齐襄公每日寻欢作乐，早就把说过的话忘到九霄云外去了。两位将军吃着新摘的瓜，又勾起了回家的念头。于是派人带着瓜果去献给齐襄公，以此提醒齐襄公派人来接替他们。不料，齐襄公竟勃然大怒，他说："是否派人去接替，必须是我说了算，怎么能自己随便请求呢？就让他们等下一次瓜熟了再说吧！"两位将军知道回家无望，再也按捺不住心中的怒火，领兵回到都城，利用内应冲进了王宫，杀死了齐襄公。

　　这就是成语"及瓜而代"的由来。这个故事提醒我们，言而无信，离危险就不远了。

米

汉字演变

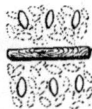

甲骨文　　　金文　　　小篆　　　楷书

　　"米"是象形字。甲骨文的"米"像一株谷穗上结满了沉甸甸的米粒，中间的一横是禾的茎秆。金文展示的正是米粒从禾秆脱落下来的形状。小篆更加整齐化，中间一横变成"十"字形，已与今文近似。

造字本义

　　米：本义是粮食作物去皮后的籽实。最初字形像一堆米粒，一横的上下各有三点，是稻米的形状。后来下面左右两点分别变成了一撇一捺，中间变成了"十"字，寓意人们祈求丰收。

汉字词条

鱼米之乡　柴米油盐　无米之炊　聚米为谷

吹糠见米　粒米成箩　余钱剩米　画沙聚米

汉字文迹

米，粟实也。象禾实之形。凡米之属皆从米。

——《说文解字·米部》

掌米粟之出入，辨其物。

——《周礼》

汉字诗篇

《百家姓》（节选）

和穆萧尹，姚邵湛汪。

祁毛禹狄，米贝明臧（zāng）。

思　母

[宋] 与恭

霜殒芦花泪湿衣，白头无复倚柴扉。

去年五月黄梅雨，曾典袈裟籴（dí）米归。

汉字故事

潜叹曰："吾不能为五斗米折腰，拳拳事乡里小人邪!"

——《晋书·陶潜传》

不为五斗米折腰

东晋末年，社会动荡不安，百姓生活苦不堪言。陶渊明先后担任过几个低微的官职，都因吏治腐败而退隐。

公元405年，为了养家糊口，年过不惑的陶渊明来到彭泽当县令。

这年冬天，督邮前来巡察。这个人粗俗傲慢，倚仗太守的宠信，横行乡里，无恶不作。每到一处，他不仅想方设法搜刮民财，还对当地官员颐指气使。一到彭泽，督邮就差人叫陶渊明去拜见他。尽管陶渊明非常鄙夷督邮的为人，可为了彭泽百姓，他还是决定勉强接受。他穿上便服准备去拜见督邮。不料小吏拦住他："老爷，换上官服吧! 督邮要求拜见他的人一律穿官服，态度要谦恭。您这样去的话，他一定会在太守面前说您的坏话，给您小鞋穿的。"

陶渊明愤然长叹："我宁肯饿死，也不能为了五斗米的官饷，向这类小人弯腰屈膝。"说罢，他毅然地离开了县衙，从此不再做官。

这就是陶渊明不为五斗米折腰的故事。他在中国古代文学的星空里，画下了最绚烂的一抹色彩；他在历史的长河中，为后人树起了一座丰碑。

汉字链接

《寒夜》（何飞　书）

《寒夜》（李爱民　书）

万物有灵

　　飞禽走兽，饥知食，渴能饮，又能营巢穴为休息之所。

——《古岩斋丛稿》

鸟

汉字演变

甲骨文　　金文　　小篆　楷书（繁体）　楷书

"鸟"是象形字。甲骨文像一只侧立的鸟的形状。金文形态像一只羽毛丰满的鸟正在向天高歌。小篆与金文相似，线条更加整齐均匀。隶变后，楷书（繁体）写作"鳥"。汉字简化后，写作"鸟"。

造字本义

鸟：长尾飞禽。脊椎动物门的一个大类。卵生，体温恒定，全身被覆羽毛。嘴内无齿，用肺呼吸。前肢进化为翅膀，能飞行；后肢为脚，用以行走或站立。一般鸟类均会飞翔，但亦有双翼退化不能飞的，如鸡、鸭、鹅、鸵鸟等。鸟的种类繁多，遍布世界各地。

汉字词条

青鸟殷勤　鸟语花香　文鸟之梦　百鸟朝凤

百鸟争鸣　乌鸟私情　象耕鸟耘　鸟集鳞萃

汉字文迹

鸟，长尾禽总名也。象形。

——《说文解字·鸟部》

有鸟高飞。

——《诗经·小雅·菀柳》

汉字诗篇

《三字经》（节选）

地所生，有草木。此植物，遍水陆。

有虫鱼，有鸟兽。此动物，能飞走。

江　雪

［唐］柳宗元

千山鸟飞绝，万径人踪灭。

孤舟蓑笠翁，独钓寒江雪。

汉字故事

异日者，更羸（léi）与魏王处京台之下，仰见飞鸟，更羸谓魏王曰："臣为王引弓虚发而鸟下。"魏王曰："然则射可至此乎？"更羸曰："可。"

有间，雁从东方来，更羸以虚发而下之。魏王曰："然则射可至此乎？"更羸曰："此孽也。"王曰："先生何以知之？"对曰："其飞徐而鸣悲。飞徐者，故疮痛也；鸣悲者，久失群也，故疮未息而惊心未去也。闻弦音，引而高飞，故疮陨（yǔn）也。"

——《战国策·楚策四》

惊弓之鸟

战国时期，魏国有一个叫更羸的神箭手，他射箭百发百中，从不失手。

有一天，他和魏王来到郊外打猎，看见一只大雁正从头顶上飞过，便对魏王说："大王，我只用弓不用箭，就可以把这只大雁射下来。"魏王一听，觉得很不可思议，不解地说："神箭手本领再高强，也不可能不用箭就能把大雁射下来呀？"

更羸笑了笑，拉开弓弦，对准那只大雁用力一拉，只听"嘣"的一声，那只大雁竟然真的摔落下来了！

魏王大吃一惊，赞道："想不到你的箭术竟然如此高超！"

更赢解释说："这是一只受伤的大雁，它听见弦声，以为是猎人追捕，受到了惊吓，自然掉落下来，这并不是因为我的箭术高超。"

魏王十分疑惑："大雁飞在空中，你怎么知道它受伤了？"

更赢说："它飞得慢，是因为旧伤疼痛；叫声凄厉，是因为长久失群。原来的伤口没有愈合，惊恐的心理还没有消除，所以一听到弓弦声，便用力往上飞，牵扯到旧伤，疼痛难忍才跌落下来。"

鹿

 **汉字演变**

| 甲骨文 | 金文 | 小篆 | 楷书 |

"鹿"是象形字。甲骨文像一只鹿，头上还长着很漂亮的鹿角。金文大致相同。小篆的字形变化较大，已经不太像鹿的形象了。隶变后，楷书写作"鹿"。

造字本义

鹿：兽名。字形像鹿之形，头、角、身、足俱全，鹿以枝状角为主要特征。它是栖息于苔原、林区、荒漠、灌丛和沼泽等地区的食草动物，四肢细长，尾巴短，一般雄兽头上长有角。在我国古代，人们认为鹿是吉祥的象征，因为"鹿"与"禄"同音。

汉字词条

逐鹿中原　鹿伏鹤行　标枝野鹿　呦呦鹿鸣

鸿案鹿车　鹿裘不完　心头鹿撞　鹿车共挽

汉字文迹

鹿，兽也。象头角四足之形。

——《说文解字·鹿部》

脱遇光武，当并驱于中原，未知鹿死谁手。

——《晋书·石勒载记下》

汉字诗篇

《声律启蒙》（节选）

繁对简，少对多，里咏对途歌。

宦情对旅况，银鹿对铜驼。

访戴天山道士不遇（节选）

[唐] 李白

犬吠水声中，桃花带露浓。

树深时见鹿，溪午不闻钟。

汉字故事

　　赵高欲为乱，恐群臣不听，乃先设验，持鹿献于二世，曰："马也。"二世笑曰："丞相误邪？谓鹿为马。"问左右，左右或默，或言马以阿顺赵高。或言鹿者，高因阴中诸言鹿者以法。后群臣皆畏高。

——《史记·秦始皇本纪》

指鹿为马

　　秦二世时期，宰相赵高独揽大权，在朝廷里为所欲为。他野心勃勃，一心想篡（cuàn）夺皇位，又害怕群臣中有人不服。于是，他就想了一个主意来试探大家。

　　在一天上朝的时候，他牵来一只梅花鹿，对秦二世说："陛下，这可是一匹难得的好马，能日行千里，现在我把它献给您。"

　　秦二世听了，大笑："哈哈，丞相啊，你这是老眼昏花吗？这明明是一只鹿，你却说成了一匹马！"

　　赵高说："陛下，您错了！这确实是一匹马啊！如果您认为我说错了，不妨问问朝中大臣，看看这到底是鹿还是马。"

　　大臣们听了，神色各异：有的大臣心思玲珑，知道说实话吧，会得罪丞相；说假话吧，又欺骗了陛下，干脆不吱声。有些大臣胆小怕事，忌惮赵高的势力，就说是马。只有几个耿直的大臣说是鹿。

一场试探下来，赵高心里有了一杆秤，他暗中把那些说实话的人以各种罪名赶出朝廷，甚至送他们坐牢。从此，大臣们都很害怕他，再也不敢说真话了。

兔

汉字演变

甲骨文　　　金文　　　小篆　　　楷书

　　"兔"是象形字。甲骨文像一只蹲坐着的兔子，后面的是它尾巴的形状。"兔"字的头部与兔（chuò）的头部相同。小篆整齐化。后来楷书写作"兔"。

造字本义

　　兔：本义为兔子，哺乳动物，耳长，尾短，上唇中间裂开，后肢较长，性情温顺的食草类哺乳动物。古代车上勾连车厢底板和车轴的部件，形状如蹲伏之兔，因名伏兔，简称兔。传说月中有玉兔捣药，因此"兔"又可用作月亮的代称。八大行星之一的水星古代又叫辰星，别名兔星，简称兔，用作这一意义的"兔"读作 chān。

汉字词条

守株待兔　　狡兔三窟　　动如脱兔　　见兔顾犬

乌飞兔走　　白兔赤乌　　见兔放鹰　　兔起鹘（hú）落

汉字文迹

兔，兽名。象踞，后其尾形。

——《说文解字·兔部》

兔舐毫而孕，及其生子，从口而出也。

——《论衡·奇怪篇》

汉字诗篇

《笠翁对韵》（节选）

玉兔金乌，二气精灵为日月。

洛龟河马，五行生克在图书。

古朗月行（节选）

［唐］李白

仙人垂两足，桂树何团团。

白兔捣药成，问言与谁餐？

汉字故事

宋人有耕者，田中有株，兔走触株，折颈而死；因释其耒而守株，冀复得兔，兔不可复得，而身为宋国笑。

——《韩非子·五蠹（dù）》

守株待兔

古时候，宋国有个农夫，日出而作，日落而息，天天辛勤地忙于农事。

有一天，他在田里干活，忽然看见一只野兔从树林里跑出来，一不小心，一头撞在田边的树桩上，折断了脖子，当场倒地而死。农夫看到后，急忙跑过去，捡起这只又肥又大的野兔，高兴地往家走，心想：天下竟然有这么好的事，不费吹灰之力就捡到了一只兔子，以后我要是能天天捡到一只兔子，那该多好啊！

从这以后，他丢下了锄头，不再去种地了，整天坐在树桩旁边等着，希望能再捡到不小心撞死的兔子。可是，日子一天天过去了，他不但没等到撞死在树桩上的兔子，反而荒废了农事，田里长满了杂草，庄稼都荒芜了。

这件事很快传遍了宋国，人们都笑话他的这种愚蠢行为。其实，野兔撞到树桩上是非常偶然的事情，这个农夫竟然存有侥幸心理，总想着不劳而获，真是愚昧啊！

牛

汉字演变

甲骨文　金文　小篆　楷书

　　"牛"是象形字，属体形较大的草食反刍类哺乳动物。甲骨文简略肢身，突出牛角的正面牛头形。金文大致相同。

造字本义

　　牛：本义为家畜之一的牛，能耕田拉车。牛有吃苦耐劳的本性，顽强、有耐力。牛又指二十八宿（xiù）中的牛宿。牛也是姓氏之一。

汉字词条

牛刀小试　目无全牛　牛毛细雨　九牛一毛
牛角挂书　多如牛毛　汗牛充栋　牛高马大

汉字文迹

鸡栖于埘，日之夕矣，牛羊下来。

——《诗经·王风·君子于役》

牛，大牲也。牛，件也；件，事理也。象角头三、封尾之形。

——《说文解字·牛部》

汉字诗篇

《笠翁对韵》（节选）

旷野平原，猎士马蹄轻似箭。
斜风细雨，牧童牛背稳如舟。

所　见

[清] 袁枚

牧童骑黄牛，歌声振林樾（yuè）。
意欲捕鸣蝉，忽然闭口立。

汉字故事

公明仪为牛弹《清角之操》，伏食如故。非牛不闻，不合其耳矣。转为蚊虻（méng）之声、孤犊（dú）之鸣，即掉尾奋耳，蹀躞（dié xiè）而听。

——《理惑论》

对牛弹琴

战国时期，有个音乐家叫公明仪。他不仅能弹琴，还能作曲，琴艺极为高超。每逢他弹琴，周围的人不由得停下手中的活儿，侧耳倾听，久久沉醉在琴场声里，不愿离去。

公明仪有时在室内弹琴，有时在郊外弹琴。有一天，风和日丽，他来到郊外游玩，看到一头牛正在草地上低头吃草。他一时兴起，连忙摆好琴，灵巧地拨动琴弦，对着牛弹奏起一首高雅的《清角之操》来。他想：这牛也一定会陶醉在我的琴音里。令他意想不到的是，牛却依然低头吃草，丝毫不理他。公明仪想：这牛怎么没有反应呢？哦，应该是这种曲调不适合它听罢了。于是，他用琴模仿蚊子、牛蝇的嗡嗡声，又模仿小牛犊的哞哞叫唤声。嗳，这回，牛有了反应。只见它竖起耳朵，甩着尾巴，迈着小步走来走去，倾听着琴声。公明仪以为牛真的被琴声迷住了，得意忘形之时弹起了他最熟悉的曲调。等他回过神儿来，牛却走远了。

公明仪迷惑了，牛到底是喜欢还是不喜欢他的琴音呢？

马

汉字演变

　　甲骨文　　金文　　　小篆　楷书（繁体）楷书

　　"马"是象形字。甲骨文就像一匹马。金文与甲骨文大致相同，只是马的眼睛特别突出，鬃（zōng）毛也鬣（liè）鬣可见。小篆整齐化。隶变后，楷书（繁体）写作"馬"。汉字简化后，写作"马"。

造字本义

　　马：本义为强壮有力的家养马。由于马在古代是用来搬运物品或作为打仗时的坐骑，因此许慎解释马是昂首怒目的动物，也是勇武的动物。

65

汉字词条

车水马龙　千军万马　汗马功劳　龙马精神
一马平川　马到成功　天马行空　万马奔腾

汉字文迹

马，怒也，武也。象马头髦尾四足之形。凡马之属皆从马。

——《说文解字·马部》

古之君人，有以千金求千里马者，三年不能得。

——《战国策·燕策一》

汉字诗篇

《百家姓》（节选）

鲁韦昌马，苗凤花方。

俞任袁柳，酆（fēng）鲍史唐。

出　塞

[唐] 王昌龄

秦时明月汉时关，万里长征人未还。

但使龙城飞将在，不教胡马度阴山。

汉字故事

管仲、隰（xí）朋从于桓公而伐孤竹，春往冬反（返），迷途失道。管仲曰："老马之智可用也。"乃放老马而随之，遂得道。

——《韩非子·说林上》

老马识途

战国时期，齐桓公亲率大军援救燕国，却得知侵犯燕国的山戎已逃往孤竹国。为了追击穷寇，齐桓公出兵征伐孤竹国，相国管仲和大夫隰朋随同前往。

齐军春天去，冬天才回，路边的草木已经发生了很大变化。因为不熟悉地形，大军在崇山峻岭间的一个山谷里转来转去，最后迷了路。虽然派出多批探子去探路，但仍然弄不清楚该从哪里走出山谷。

足智多谋的管仲想：狗离家很远能寻回家去，军中的老马训练有素，又嗅觉灵敏，应该也有认识路途的本领。于是，他对齐桓公说："大王，我认为老马有认路的本领，可以利用它们在前面带路，引领大军出山谷。"

齐桓公听了将信将疑，但也苦于没有其他更好的办法，只好同意试试看。管仲立即挑出几匹老马，解开缰绳，让它们在大军的最前面自由行走。说也奇怪，这些老马都毫不犹豫地朝着一个方向行进，东拐西走，最后带着军队走出山谷，找到了回齐国的大路。

汉字链接

甲骨文

甲骨文，是中国的一种古老文字，也是汉字的书体之一。甲骨文又称"契文"、"甲骨卜辞"、"殷墟文字"或"龟甲兽骨文"。甲骨文是我们目前所能见到的最早的成熟汉字。

甲骨文是用刀刻成的，而刀有锐有钝，骨质有细有粗，有硬有软，所以刻出的笔画粗细不一，甚至有的纤细如发，笔画的连接处又有剥落，看上去浑厚粗重。结

《铁云藏龟》

构上，长短大小均无一定，或是疏疏落落，参差错综；或是密密层层，十分严整庄重，故能显出古朴多姿的情趣。

甲骨文目前出土的单字共有 4500 多个，已识 2000

余字，公认千余字。记载了三千多年前中国社会政治、经济、文化等情况。2017 年 11 月 24 日，甲骨文顺利通过联合国教科文组织世界记忆工程国际咨询委员会的评审，成功入选《世界记忆名录》。

天之骄子

天地间，人为贵。

——曹操《度关山》

人

汉字演变

甲骨文　　金文　　小篆　　楷书

"人"是象形字。甲骨文的"人",像一个面朝左(也有朝右)站立的人侧面的形象,突出了人直立行走和有手的特点。金文承续甲骨文字形。小篆线条化,突出了一个人弯腰垂臂、面朝黄土背朝天的劳作形象。

造字本义

人:躬身垂臂的劳作者,会创造符号、自觉进化的高等动物。随着社会的进步,人类对自身的要求越来越高,给象形字"人"赋予了丰富的含义。比如,有一种观点认为,"人"的一撇代表学习,而一捺代表创造。

汉字词条

后继有人　人山人海　人才济济　人杰地灵
一鸣惊人　诲人不倦　沁人心脾　引人注目

汉字文迹

惟天地万物父母，惟人万物之灵。

——《尚书·泰誓》

天生万物，唯人为贵。

——《列子·天瑞》

汉字诗篇

《三字经》（节选）

人之初，性本善。性相近，习相远。
苟不教，性乃迁。教之道，贵以专。

登幽州台歌

［唐］陈子昂

前不见古人，后不见来者。
念天地之悠悠，独怆然而涕下！

汉字故事

　　俗说天地开辟，未有人民，女娲抟（tuán）黄土做人。剧务，力不暇供，乃引绳于泥中，举以为人。

——《风俗通》

女娲造人

　　天地开辟之时，有了日月星辰，山川湖海，还有飞鸟虫鱼，花草树木。世界美丽极了，万物都有自己的故乡，唯独女娲一人，行走在苍莽的天地间，孤单极了。

　　女娲来到小池边。池水澄澈透明，映照着女娲：女娲笑，水里的影子冲她笑；女娲皱眉，水里的影子也跟着皱着眉头……有人陪伴的感觉真好！女娲决定创造一种和自己一样的生物。她在池边挖了一团黄泥，掺和着水，照着水里的影子，揉着，团着，捏着，捏成了和自己很像的小东西。她把小东西放在地上，小东西居然活了，欢天喜地地叫着女娲"妈妈"。女娲满心欢喜，称小东西为"人"。她继续用黄泥创造着能说会走的小人儿，希望小人儿布满大地。她不停地工作着，双手麻木了，但小人儿还是太少了。她从悬崖上拉下一条枯藤，搅动黄泥，向地面一挥，溅落的泥点就成了叫着跳着的小人儿。女娲越挥越起劲儿，于是大地上布满了人。

大

汉字演变

甲骨文　　　金文　　　小篆　　　楷书

　　"大"是象形字。甲骨文、金文和小篆的"大",均像一个正面站立的大人之形,双脚叉开,两臂伸展,是个顶天立地的成人形象。

造字本义

　　大:顶天立地的人。人为"万物灵长",上古以人为大,故衍生成"大小"的"大"。它指容量、体积、强度、面积、数量、力量、范围等方面超过寻常,或者超过比较对象。

汉字词条

大名鼎鼎　地大物博　大显身手　大开眼界
神通广大　正大光明　宏图大志　名山大川

汉字文迹

大，天大，地大，人亦大，故大象人形。

————《说文解字·大部》

人法地，地法天，天法道，道法自然。

————《道德经》

汉字诗篇

《三字经》（节选）

惟书学，人共遵。既识字，讲说文。
有古文，大小篆。隶草继，不可乱。

马诗（其五）

［唐］李贺

大漠沙如雪，燕山月似钩。
何当金络脑，快走踏清秋。

汉字故事

尧舜时，九河不治，洪水泛滥。尧用鲧（gǔn）治水，鲧用壅（yōng）堵之法，九年而无功。后舜用禹治水，禹开九州，通九道，陂（bēi）九泽，度九山。疏通河道，因势利导，十三年终克水患。一成一败，其治不同也。

——《经典史记》

大禹治水

尧舜时期，因为九河没有人治理，洪水泛滥。大水淹没了田地，冲毁了房屋，人们生活痛苦极了。

尧派鲧去治理洪水。鲧只知道筑坝挡水，九年过去了，洪水仍然没有消退。

舜派禹治理洪水。禹吸取了鲧治水的失败教训，因势利导，疏通河道。相传，禹首先治理的是北方的黄河。黄河横贯中原大地，是古人心中最大、最重要的河流。在神话传说中，黄河发源于神圣的昆仑山的东北角。流出昆仑山后，黄河被积石山阻挡，无法前进。禹便在山脚下凿出一个大洞，使黄河水顺利穿过了积石山。禹又使出神力，凿断龙门山，在砥柱山上一口气凿出三个缺口，形成神门、鬼门和人门，合称三门。从此，黄河一路东下，穿越华北平原，浩浩荡荡，奔向大海。

禹率领民众，又奔走在各地，着手治理其他河流，历经 13 年，终于让洪水退了。人们又重新过上了安居乐业的生活。

子

汉字演变

| 甲骨文 | 金文 | 小篆 | 楷书 |

　　"子"是象形字。甲骨文似小儿在襁褓中的样子。金文似婴儿双手张开要人抱的样子。小篆的形体继承甲骨文、金文，并线条化。隶变后，楷书写成"子"。

造字本义

　　子：包裹在襁褓中挥动两臂、尚不能独立的小孩儿，即婴儿。后引申泛指孩子（与父母等长辈相对应）。后来亦可表示古代对男子的美称或尊称，还特指有道德和有学问的人。

汉字词条

炎黄子孙　　天之骄子　　孺子可教　　正人君子

君子之交　　赤子之心　　仁人君子　　父慈子孝

汉字文迹

子也者，亲之后也，敢不敬欤？

——《礼记·哀公问》

干、越、夷、貉（mò）之子，生而同声，长而异俗，教使之然也。

——《荀子·劝学》

汉字诗篇

《弟子规》（节选）

弟子规，圣人训。首孝悌，次谨信。

泛爱众，而亲仁。有余力，则学文。

短歌行（节选）

〔东汉〕曹操

青青子衿，悠悠我心。但为君故，沉吟至今。

呦呦鹿鸣，食野之苹。我有嘉宾，鼓瑟吹笙。

汉字故事

　　林逋隐居杭州孤山，常畜两鹤，纵之则飞入云霄，盘旋久之，复入笼中。逋常泛舟游西湖诸寺。有客至逋所居，则一童子出应门延客坐，即开笼纵鹤。良久逋必棹（zhào）小船而归。盖逋以鹤飞为验也。

——《梦溪笔谈》

梅妻鹤子

　　宋朝时，有位隐者，名叫林逋（bū），他不娶妻生子，但特别喜欢梅花和鹤。

　　林逋在房前屋后种满了梅花，因为他觉得梅花高雅，傲霜斗雪，和自己的性格很像。

　　林逋养了好几只白鹤，他爱鹤就像爱自己的孩子一样。闲暇时，他喜欢在院子里陪鹤玩耍，或者坐在屋前看白鹤在云霄之间飞翔，白鹤累了，饿了，就会再飞回来。天长日久，白鹤和林逋的感情日趋笃厚。客人来了，他打个唿哨，白鹤立刻飞来，站在跟前，垂下脑袋。林逋把钱和纸条装进袋子里，把袋子挂在白鹤的脖子上，让它飞去集市买酒菜。那些商贩只要见到白鹤飞来，就知道林逋先生家里来了客人，他们按纸条所列物品收钱，将物品挂在白鹤脖子上带回去。有时客人来时恰好林逋出游，家里的童子将白鹤放出。白鹤一看到林逋，就在他的身边盘旋，久久不肯离去。林逋就知道有客来访，跟着白鹤回家会友。

人们知道了这些事，都说林逋"梅妻鹤子"。

儿

汉字演变

甲骨文　　金文　　小篆　楷书（繁体）　楷书

　　"儿"（"兒"）是象形字。甲骨文的"儿"（"兒"），下部为"人"，上部为"囟"（xìn）即囟门儿。"儿"（兒）似一个面朝左站着的大头娃娃，头顶中间开的口，表示婴儿脑囟骨还没有长在一起。金文承甲骨文字形。小篆的"儿"（"兒"）头部稍有讹（é）变，下部"人"形保留不变。隶变后，楷书（繁体）写作"兒"。汉字简化后，写成"儿"，采用保留轮廓或特征法简化。

造字本义

　　儿：幼儿、孩子。

汉字词条

正儿八经　血性男儿　儿女英雄　羽林孤儿

携儿带女　父紫儿朱　儿女心肠　非同儿戏

汉字文迹

儿，孺子也。从人，象小儿头囟未合。

——《说文解字·儿部》

发沛中儿，得百二十人，教之歌。

——《史记·高祖本纪》

汉字诗篇

《千字文》（节选）

诸姑伯叔，犹子比儿。

孔怀兄弟，同气连枝。

七绝·改诗赠父亲

毛泽东

孩儿立志出乡关，学不成名誓不还。

埋骨何须桑梓地，人生无处不青山。

汉字故事

孔子东游，见两小儿辩斗，问其故。

一儿曰："我以日始出时去人近，而日中时远也。"

一儿曰："我以日初出远，而日中时近也。"

一儿曰："日初出大如车盖，及日中则如盘盂（yú），此不为远者小而近者大乎？"

一儿曰："日初出沧沧凉凉，及其日中如探汤，此不为近者热而远者凉乎？"

孔子不能决也。

两小儿笑曰："孰为汝多知乎？"

——《列子·汤问》。

两小儿辩日

孔子是春秋时期著名思想家、教育家。他开创了私人讲学之风，倡导仁义礼智信，被尊称为"孔圣人"。

孔子东游时，看到两个小孩在争辩着什么，便上前询问。

一个小孩说："我认为太阳刚刚升起时离人近一些，中午离人远一些。"而另一个小孩却认为太阳刚刚升起时离人远些，而中午离人近些。孔子听了，很奇怪，他们的想法为什么完全相反呢？一个小孩说："太阳刚刚出来，像车盖一样大，到了中午却只有盘子大，这不就是我们平时说的近大远小吗？"另一个小孩说："太阳刚刚出来，我们觉得很清凉，而中午，我们热得像在热水中一般，这不就是我们常说的近热远凉吗？"

孔子觉得他们说得都对，也判断不出谁对谁错。

"知之为知之，不知为不知。"这种实事求是、科学严谨的精神在孔子身上体现得淋漓尽致，值得我们每一个人学习。那么，小朋友们，你们知道太阳什么时候离我们近，什么时候离我们远吗？

女

汉字演变

甲骨文　　金文　　小篆　　楷书

　　"女"是象形字。甲骨文的"女"像一个面朝左敛手跪坐的人形，上身直立，双臂交叉于胸前。金文基本承续甲骨文字形，只是有了一条横线，表示发簪之类的饰品。小篆基本承续金文字形。隶变后，楷书简笔化，已看不出敛手屈膝跪坐之形。

造字本义

　　女：女性、女人，与"男"相对。古代特指未出嫁的女子，也泛指妇女。

汉字词条

女中尧舜　女中豪杰　男耕女织　牛郎织女
善男信女　窈窕淑女　美女簪花　儿女成行

汉字文迹

窈窕淑女，君子好逑。

——《诗经·周南·关雎》

其中往来种作，男女衣着，悉如外人。

——《桃花源记》

汉字诗篇

《三字经》（节选）

蔡文姬，能辨琴。谢道韫，能咏吟。
彼女子，且聪敏。尔男子，当自警。

巴女谣

〔唐〕于鹄

巴女骑牛唱竹枝，藕丝菱叶傍江时。
不愁日暮还家错，记得芭蕉出槿篱。

汉字故事

往古之时，四极废，九州裂，天不兼覆，地不周载，火爁（làn）焱（yàn）而不灭，水浩洋而不息，猛兽食颛（zhuān）民，鸷鸟攫（jué）老弱。

于是，女娲炼五色石以补苍天，断鳌（áo）足以立四极，杀黑龙以济冀州，积芦灰以止淫水。苍天补，四极正；淫水涸，冀州平；狡虫死，颛（zhuān）民生。

——《淮南子·览冥训》

女娲补天

"轰隆隆！轰隆隆！"女娲从睡梦中惊醒，抬头一看，天呀，太可怕了：天柱纷纷倒塌，天上破了个大洞，地也裂开了。大火熊熊，洪水滔滔。凶兽从山林中跑出来，吃掉善良的百姓；猛禽伸出锋利的爪子，抓走羸弱的老人和小孩……女娲痛彻心扉，决心要让人们重新过上安宁的生活。

她请求雨神降下甘霖，把天火浇灭；她从身上取下绿叶，变成大船，救出水中挣扎的人们；她找来五色石，用神火冶炼，将五彩石炼成了黏稠的石浆，用这些石浆把天修补好；她抓来巨鳌，斩下四条腿，当作支撑四极的天柱；她擒杀了带头作恶的黑龙，吓得其他禽兽乖乖躲藏起来；她把芦苇烧成灰，撒在水中，芦苇灰越积越厚，吸干了洪水！

　　天地终于恢复了平静，人们又重新过上了幸福安宁的生活。伟大的女娲造人、补天、修地，建立了丰功伟绩，人们世世代代怀念着她！

汉字链接

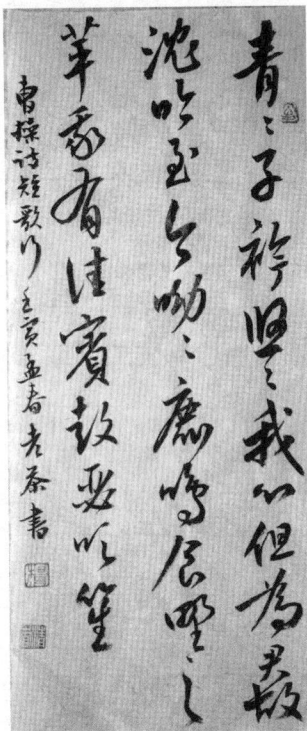

《短歌行》（杨清查 书）

"万家安乐"（何飞 书）

身体发肤

身体发肤，受之父母，不敢毁伤，孝之始也。

——《孝经》

皮

汉字演变

金文　　　小篆　　　楷书

"皮"是会意字。金文的左边是一把长柄平头的铲刀，刀柄的右侧还有一个铁环，右下侧是一只手。小篆只保留了手的部分。隶变后，楷书写作"皮"。

造字本义

皮：剥取的兽皮叫作皮。由兽皮引申指物体的表面。凡由"皮"组成的字大都与皮的字义有关，如"皱""皴（cūn）"。

汉字词条

鸡毛蒜皮　　皮开肉绽　　细皮嫩肉　　与虎谋皮

嬉皮笑脸　　皮里阳秋　　皮松肉紧　　皮相之士

汉字文迹

皮，剥取兽革者谓之皮。

——《说文解字·皮部》

皮，剥也。

——《广雅》

汉字诗篇

《百家姓》（节选）

乐于时傅，皮卞齐康。

伍余元卜，顾孟平黄。

缘　识

［宋］赵光义

皮毛非实相，四大拟（nǐ）奚为。

悟即真空法，愚迷自不知。

汉字故事

魏文侯出游，道见路人反裘而负刍。文侯曰："胡为反裘而负刍？"对曰："臣爱其毛。"文侯曰："若不知其里尽而毛无所恃耶？"

——《新序·杂事第二》

皮之不存，毛将焉附

战国时期，魏国的属地东阳地区某年给魏国的贡品比以前多了十倍，朝中大臣都前来恭贺，但魏文侯却显得很忧虑。众臣不解地问："大王，您每年收到贡品时都很高兴，今年收了如此多的贡品却反而看起来很忧虑呢？"

魏文侯忧心忡忡地说："一年前，我外出巡游，看见一个背着柴草的人，他穿毛皮衣服时，总是将毛放在里面。我问他为什么这样做，他说：'他很爱惜这件衣服，很怕把毛磨掉了，所以把毛穿在里面。'"

讲完这个故事后，魏文侯又说："这个人真是糊涂啊！难道他不知道把皮磨坏了，毛也没有依附的地方了吗？如今东阳粮食没有增产，上交的物品却比往年多了十倍，这是东阳官吏横征暴敛搜刮而来的啊！如果老百姓不得安宁，国君的地位也将难以巩固，希望你们记住这个道理，不要被一点小利蒙蔽了眼睛，因小失大。"
众臣这才明白过来，暗自称叹魏文侯眼光独到，看问题
一眼即切中要害。

耳

汉字演变

| 甲骨文 | 金文 | 小篆 | 楷书 |

　　"耳"，象形字。甲骨文的"耳"字就展示的是人耳的形状，还有清晰的"耳郭"。后来，随着文字出现得越来越多，人们便把耳朵的轮廓更加清晰化，在"耳"字上多加了几个笔画。金文中的"耳"字，就像半个圆包着一个横躺着的"大"字，"耳郭"内部的情况比较清晰地展示出来了。而小篆的笔画变得简练以便于书写，耳朵的轮廓逐渐消失了，但还是能看出耳朵的样子。到隶书、楷书时字形趋于线条化，这样的形象性就消失了。

造字本义

耳：本义耳朵，在古代文献中作动词，意思为"听、闻"；常引申为像两耳一样分列于两旁的事物，如"耳房""钟耳"等；也引申为像耳朵一样的形状的东西，如"木耳""银耳"；在古汉语中，耳还指谷物在雨淋后所生的芽；也作语气助词。

汉字词条

感心动耳　耳聪目明　耳目一新　耳熟能详

目达耳通　如雷贯耳　洗耳恭听　耳濡目染

汉字文迹

主听也。象形。凡耳之属皆从耳。

——《说文解字》

帝曰："臣作朕股肱耳目。予欲左右忧民，汝翼。"

——《尚书·虞书》

汉字诗篇

《千字文》（节选）

易輶（yóu）攸畏，属耳垣墙。

具膳餐饭，适口充肠。

禁中闻蛩（qióng）

〔唐〕白居易

悄悄禁门闭，夜深无月明。
西窗独暗坐，满耳新蛩声。

 ## 汉字故事

古者有二言，墙有耳，伏寇在侧。墙有耳者，微谋外泄之谓也。

——《管子·君臣下》

隔墙有耳

古时候，有一个人，好奇心特别重，他总是四处打听别人的秘密。慢慢地，他知道的秘密越来越多。那么多的秘密憋在他的心里，他觉得难受极了，特别想找个朋友一起分享这些秘密。

终于有一天，他和好朋友喝了几杯酒，酒意正酣，他再也忍不住了，拉着好朋友，诉说着自己所知道的全部秘密。说出来之后，他觉得整个人畅快多了，神清气爽，还叮嘱友人千万不要外传。可是，他万万没想到，就在墙的另一边，隔壁房间里，也有一个人把他说的所

有秘密都听得清清楚楚。于是，没过多久，所有人都听说了他所知道的秘密。同时，大家也知道了他这个人有多嘴的毛病。

　　"隔墙有耳"就是说，隔着一道墙，也有人偷听。比喻即使秘密商量，别人也有可能知道。这个故事也用于劝人说话小心，免得泄露出去。

口

汉字演变

甲骨文　　金文　　小篆　　楷书

　　"口"是象形字，甲骨文字形像人张开的嘴巴。金文、小篆承续甲骨文字形。隶书继承篆文字形。楷书写作"口"。

造字本义

　　口：名词，嘴巴，人类用来进食、呼吸、发音的器官。

汉字词条

脱口而出　口是心非　朗朗上口　金口玉言
口若悬河　脍炙人口　异口同声　有口皆碑

汉字文迹

口惠而实不至，怨灾及其身。

——《礼记·表记》

下有蟾蜍，张口承之。

——《后汉书·张衡传》

汉字诗篇

《三字经》（节选）

口而诵，心而惟。朝于斯，夕于斯。
昔仲尼，师项橐（tuó）。古圣贤，尚勤学。

泊船瓜洲

［宋］王安石

京口瓜洲一水间，钟山只隔数重山。
春风又绿江南岸，明月何时照我还？

汉字故事

李林甫为相，凡才望功业出己右及为上所厚而势位
逼己者，必百计去之。其人尤忌文学之士，或阳与之

善，啖（dàn）以甘言而阴陷之。世谓李林甫"口有蜜，腹有剑。"

——《资治通鉴》

 口蜜腹剑

唐玄宗时期，李林甫官居兵部尚书兼中书令，这是宰相的职位。此人能书善画，论才艺倒也不错，但若论品德，那是坏透了。

李林甫和人接触时，总是露出一副和蔼可亲的样子，嘴里尽说些动听的"善意"话，但实际上，他的性情非常阴险狡猾，常常暗中害人。

有一次，他装作特别诚恳的样子对与他同朝为官的李适之说："华山出产大量黄金，如果能够开采出来，就可大大增加国家的财富。可惜皇上还不知道。"李适之被他外表的真诚所蒙骗，以为这是真话，连忙跑去建议唐玄宗快点开采。唐玄宗听后很高兴，立刻把李林甫找来商议。李林甫却假装惊讶地说："这件事我早知道了，可华山是帝王'风水'集中的地方，怎么可以随便开采呢？别人劝您开采，恐怕是不怀好意。我几次想把这件事告诉您，只是不敢开口。"玄宗被他这番话打动，认为他真是一位忠君爱国的臣子，反而对李适之大为不满，逐渐将他疏远了。

心

 ## 汉字演变

甲骨文	金文	小篆	楷书

"心"是象形字,甲骨文字形似人或动物的心脏。金文多了中央一点,可看作是血液。小篆多了一条向右撇的曲线,可看作是连着心脏的血管。隶变后,楷书写作"心"。

造字本义

心:原义是人的心脏。古人认为心是人的感情与思维器官,故引申指头脑、思想,也指心思、心意。心脏位于身体的中部,故也引申为中心、中央。

汉字词条

十指连心　一心一意　独具匠心　心直口快
赏心悦目　别出心裁　心旷神怡　怦然心动

汉字文迹

今寇贼在外，四肢之疾；内政不理，心腹之患。

——《后汉书·陈蕃传》

心之官则思，思则得之，不思则不得也。

——《孟子·告子上》

汉字诗篇

《弟子规》（节选）

无心非，名为错。有心非，名为恶。
过能改，归于无。倘掩饰，增一辜。

闻王昌龄左迁龙标遥有此寄

［唐］李白

杨花落尽子规啼，闻道龙标过五溪。
我寄愁心与明月，随风直到夜郎西。

汉字故事

降者犹不自安，光武知其意，敕令各归营勒兵，乃自乘轻骑按行部陈。降者更相语曰："萧王推赤心置人腹中，安得不投死乎！"由是皆服。

——《后汉书·光武帝本纪》

推心置腹

王莽篡汉后，农民揭竿起义。后来，西汉皇族刘縯（yǎn）、刘秀兄弟也乘机起兵，加入了绿林起义军，准备夺取政权，恢复刘氏的天下。

这一年，王莽听说昆阳失陷，派42万大军前往镇压。起义军在刘秀的正确指挥下，以劣势兵力击败了王莽军。后来，刘秀率领起义军经过多次激战，终于击溃了铜马起义军，数十万人向他投降。为了壮大自己的实力，扩大自己的影响，刘秀决定收编这一大批人马，并把投降的起义军首领封为列侯。这些首领起初疑虑重重，以为是在利诱他们，并非真心实意。刘秀得知情况后，让他们各自回营，继续统帅原来的兵马。刘秀骑着马，只带几名随从，到每一个军营去慰问他们。

这些降军都十分感动，说："萧王将一颗赤心放在我们肚子里，我们还不应该为他赴汤蹈火吗?"从此，大家对刘秀心悦诚服，死心塌地跟随刘秀征战。这样，刘秀一下子就增加了数十万人马，为以后他称帝及平定天下打下了基础。

手

 ## 汉字演变

| 金文 | 小篆 | 楷书 |

"手"是象形字。金文像五指伸开的手掌。小篆整齐化。隶变后，楷书写作"手"。做偏旁在字左时写作"扌"。

 ## 造字本义

手：原义是手掌，即人体上肢腕以下能拿东西的部分。人做事用手，因而"手"也指擅长某种技能或做某种事的人，如能手、舵手等。也引申为技艺、本领、手段。

汉字词条

得心应手　大显身手　手不释卷　手足情深
手疾眼快　棋逢对手　妙手偶得　赤手空拳

汉字文迹

执子之手，与子偕老。

——《诗经·邶（bèi）风·击鼓》

礼乐不兴则刑罚不中，刑罚不中则民无所措手足。

——《论语·子路》

汉字诗篇

《千字文》（节选）

矫手顿足，悦豫且康。
嫡后嗣续，祭祀烝（zhēng）尝。

游子吟

［唐］孟郊

慈母手中线，游子身上衣。
临行密密缝，意恐迟迟归。
谁言寸草心，报得三春晖。

汉字故事

　　初，权谓吕蒙曰："卿今当涂掌事，不可不学。"蒙辞以军中多务。权曰："孤岂欲卿治经为博士邪！但当涉猎，见往事耳。卿言多务，孰若孤？孤常读书，自以为大有所益。"蒙乃始就学。及鲁肃过寻阳，与蒙论议，大惊曰："卿今者才略，非复吴下阿蒙！"蒙曰："士别三日，即更刮目相待，大兄何见事之晚乎！"肃遂拜蒙母，结友而别。

——《资治通鉴》

 手不释卷

　　吕蒙是三国时期吴国的一员大将，他小时候家徒四壁，没有钱读书。后来，他因为英勇善战，当上了将军。吕蒙作战虽然很勇猛，但因为不识字，没有文化，没办法把自己的经验用文字总结出来。因此，孙权鼓励他去读书，学点知识。

　　吕蒙却说，军人只要能上战场打好仗就可以了，读书练字是文人墨客的事情。他还有很多军务需要处理，没有时间用来读书，就一直推托。

　　孙权举了很多例子，推心置腹地劝说他。孙权的话令吕蒙非常感动，便抓紧时间开始学习《左传》《孙子

兵法》《史记》《六韬》等书籍。

吕蒙孜孜不倦地学习，没过多久，他能够引用很多古文来讲道理了。周围的人都说他不再是那个"吴下阿蒙"了。

汉字链接

金　文

　　金文也叫钟鼎文，是中国古代的一种书体名称，追求"永恒""不朽"，镌铸在青铜上，为统治者歌功颂德。

　　金文应用的年代上自商代末期，下至秦灭六国，约800年。据容庚《金文编》载，金文的字数共计3722个，其中可以识别的字2420个。

　　商代的金文是在甲骨文的基础上产生的。它的字数不

商代"宰甫卣"铭文

多，字体瘦长，笔道遒劲，疏密有致，结构严谨，独具风韵。

　　金文上承甲骨文，下启秦代小篆，因而大体较甲骨文更能保存书写原迹，具有古朴之风格。金文在笔法、结字、章法上都为书法的发展做出了贡献。

衣食住行

王者以民人为天，而民人以食为天。

——《史记》

衣

汉字演变

甲骨文　　金文　　小篆　　楷书

"衣"是象形字。甲骨文的"衣"好像有领口、两袖、两襟互掩的上装。金文、小篆承续甲骨文字形。楷书笔画化。"衣"字自甲骨文至楷书形态变化不大。

造字本义

衣：本义即上衣，在古代上为"衣"，下为"裳"（裙子、下衣）。后来泛指身上穿的各种衣裳、服装，如"衣物"，也用以指覆盖物体表面的东西，如"炮衣"，即套在炮外面的布套。

汉字词条

衣锦荣归　衣冠楚楚　衣锦还乡　衣食住行
量体裁衣　天衣无缝　丰衣足食　布衣之交

汉字文迹

衣，所以蔽体者也。上曰衣，下曰裳。

——《说文解字·衣部》

岂曰无衣，与子同袍。

——《诗经·秦风·无衣》

汉字诗篇

《弟子规》（节选）

衣贵洁，不贵华。上循分，下称家。
对饮食，勿拣择。食适可，勿过则。

金缕衣

［唐］无名氏

劝君莫惜金缕衣，劝君惜取少年时。
花开堪折直须折，莫待无花空折枝。

汉字故事

昔后魏末，有僧达摩者，本天竺王子，以护国出家，入南海，得禅宗妙法，云自释迦相传，有衣钵为记，世相付授。

——《旧唐书·神秀传》

衣钵相传

北魏时期，有位名叫神光的僧人，声望很高。当他得知有位名叫达摩的印度高僧精通佛法时，就想拜达摩为师。但达摩不知神光是否诚心地想跟自己修行佛法，便婉言相拒。神光并没有灰心丧气，仍然随侍达摩左右。

一日严冬，屋外下起了鹅毛大雪。达摩照常坐禅，神光静静地站在一旁。直到达摩坐禅结束后，他还站在那里，几乎成了一个雪人。

达摩内心有所感动，沉思片刻后说："想要拜我为师，除非天降红雪。"神光意识到这是圣僧在指点他，便抽出随身携带的戒刀，向左臂砍去，顿时，鲜血飞溅，染红了地下的积雪和神光的衣衫。

他的这一举动惊动了如来。如来随手脱下袈裟，抛向东土。霎时，整个少林寺，红光笼罩，彩霞四射。达摩见此也是为之一振，于是扶起积雪中的神光，即传衣钵、法器于他，并为他取法名"慧可"。慧可遂成为中国禅宗的"二祖"。

此后，中国禅宗师徒间传授道法，常付衣钵为信。后来，人们就用"衣钵相传"这个成语来比喻师徒之间技术、学术的传授。

丝

汉字演变

甲骨文	金文	小篆	楷书（繁体）	楷书

"丝"是象形字。甲骨文的"丝"是两小把蚕丝（"糸"）扭在一起的形状。金文写法和甲骨文的字形类似，只是纽结变为两个。小篆字形承袭金文。隶变后，楷书（繁体）写作"絲"汉字简化后，写作"丝"。

造字本义

丝：本义为蚕丝，引申为丝织品，如丝绸。又泛指像蚕丝一样的细线和其他极细的东西，如丝线、铜丝。古人常把用丝捻制成的弦做发音部件的乐器称为弦乐器，"丝竹"就是弦乐器与竹管乐器的总称。

121

汉字词条

丝丝入扣　千丝万缕　一丝不苟　丝竹之音

丝竹管弦　一丝一毫　严丝合缝　一丝半缕

汉字文迹

此织生自蚕茧，成于机杼。一丝而累，以至于寸。

——《后汉书·列女传》

金石丝竹，乐之器也。谓弦也。

——《礼记·乐记》

汉字诗篇

《千字文》（节选）

墨悲丝染，诗赞羔羊。

景行维贤，克念作圣。

咏　柳

［唐］贺知章

碧玉妆成一树高，万条垂下绿丝绦。

不知细叶谁裁出，二月春风似剪刀。

汉字故事

上司访知，见世叔一丝不苟，升迁就在指日。

——《儒林外史》

 一丝不苟

明朝时，明太祖下令禁止宰杀耕牛。一位老者为了能吃上牛肉，就给知县汤奉送去五十斤牛肉。汤奉本身是一个贪得无厌的人，他也十分想吃这牛肉，但又不敢违抗皇帝的禁令。

这时，乡绅张静斋与举人范进到府中拜访他。汤奉于是对张静斋说："你我同朝为官，有件事正好与你商量。刚才有位老者送来五十斤牛肉，请求我对他们网开一面。你看我该怎么办呢？"

张静斋思索道："你我都是朝廷官员，心中应当只有皇上。你想想洪武年间的刘伯温先生，就因江南王给他送去一个菜坛子，里面装着一坛金子，正巧被皇上看见了，第二天就被贬为青田县知县，不久之后，又用毒药把他毒死了。"

汤奉听了，连忙向张敬斋请教那该如何是好。张静斋说："您正好把那位老者抓起来，打他几十板子，再戴上枷锁，并且在旁边贴出告示，说明他行贿朝廷官员

的行为，让他游街示众。上司如果知道你办事这样一丝不苟，那么你升官发财就指日可待了。"

汤奉听后，暗自窃喜，连连点头称是，于是便照此办理了。

斗

汉字演变

甲骨文　　金文　　小篆　　楷书

"斗"是象形字。甲骨文的"斗"，像有柄的勺子形。金文承续甲骨文字形，小篆线条化，变得看不出原形了。隶变后，楷书写作"斗"。另外，楷书"鬥"(dòu)（繁体），汉字简化后，也借用写作"斗"，意为争胜、对打。

造字本义

斗：本义是古代的一种盛酒器。引申为形如斗状的器物，如"烟斗"。后因斗能盛东西，故引申为量器，一斗为十升。

125

汉字词条

争奇斗艳　斗志昂扬　泰山北斗　斗转星移
车载斗量　斗酒百篇　才高八斗　满天星斗

汉字文迹

玉斗一双，欲与亚父。

——《史记·项羽本纪》

夫乘舟而惑者，不知东西，见斗极则寤矣。

——《淮南子·齐俗训》

汉字诗篇

《弟子规》（节选）

斗闹场，绝勿近。
邪僻事，绝勿问。

晚　春

〔唐〕韩愈

草树知春不久归，百般红紫斗芳菲。
杨花榆荚无才思，惟解漫天作雪飞。

汉字故事

天下才共一石，曹子建独得八斗，我得一斗，自古及今共分一斗。

——《南史·谢灵运传》

才高八斗

谢灵运，南朝著名诗人。他年少时聪颖好学，博览群书，写下了大量著名诗篇。

谢灵运虽然才华横溢，又出身名门，但不被皇帝所重用，迁调他到永嘉任太守。谢灵运内心很是不平。后来，他干脆辞官不做，隐居会稽，常常与友人逍遥放纵，吟诗作乐。他的诗篇一写出来，人人便争相抄录，迅速流传开来。后来，宋文帝很赏识他的文学才华，特地将他调回京城任职，并称谢灵运的文章和墨迹为"二宝"，时常召见他入宫起草文书，并写诗作文。

一向自命不凡的谢灵运受到这种礼遇之后，心中更加轻狂。有一次，他一边喝酒一边自夸："魏晋以来，天下的文学之才共有一石（一种容量单位，一石等于十斗），其中曹子建独占八斗，我得一斗，天下其他的文人共分一斗。"这不仅称赞了曹植的文才之高，也夸赞了自己的才华。

后来，人们便称曹植是"八斗之才"，同时也将学问高、文才好的人形容为"才高八斗"。

门

 **汉字演变**

門　甫　門　門　門　门

甲骨文　　金文　　小篆　楷书（繁体）　楷书

　　"门"是象形字。甲骨文"门"上部是一条嵌入门枢的横木，下部像两扇门。金文去掉了门楣。小篆承接金文。隶变后，楷书（繁体）写作"門"。汉字简化后，写成"门"。

 **造字本义**

　　门：本义为双扇门，泛指建筑物和交通工具的出入口。房屋的门之内是人家，所以又引申为人家。

汉字词条

分门别类　门庭若市　门当户对　书香门第
开门见山　宾客盈门　将门虎子　桃李满门

汉字文迹

五祀，门以闭藏自固也。

——《白虎通》

事君而不贰兮，迷不知宠之门。

——《楚辞·九章》

汉字诗篇

《弟子规》（节选）

将入门，问孰存。将上堂，声必扬。
人问谁，对以名。吾与我，不分明。

绝　句

[唐] 杜甫

两个黄鹂鸣翠柳，一行白鹭上青天。
窗含西岭千秋雪，门泊东吴万里船。

汉字故事

游、杨初见伊川，伊川瞑目而坐，二人侍立。既觉，顾谓曰："贤辈尚在此乎？日既晚，且休矣。"及出门，门外之雪深一尺。

——《二程全书·遗书十二》

程门立雪

北宋时期，有一位大学问家，名叫杨时。杨时从小聪明伶俐，学习非常刻苦，遇到不懂的知识都会向他人请教，对待老师更是谦虚、恭敬。

杨时四十岁时，因某个问题和朋友有了不同的看法，为求得一个正确的答案，他和好朋友游酢（zuò）约好一起去拜访程颐。

当时正值冬天，天气异常寒冷。杨时和游酢赶到程颐家时，程颐先生正坐在炉旁打坐养神。他们不忍心惊扰老师，又不愿放弃求教的机会。就这样杨时和游酢两个人就恭恭敬敬地站在门口，等待着先生醒来。

过了一会儿，天空中渐渐地下起了鹅毛大雪，房顶上都覆盖了一层厚厚的积雪。他们的脚冻僵了，可是他们并未打扰先生，依然在大雪中等待着。过了好久，程颐先生醒来了，门外的积雪已有一尺厚了。这时，杨时

131

和游酢才踏着一尺多深的积雪走进去。程颐先生也被他们这种尊师重教、虔诚求学的精神感动了，详细地解答了他们的问题。

后来，杨时成为天下闻名的大学者，这件事也被作为尊师重教的范例，成为千古佳话，流传至今。

户

汉字演变

甲骨文　　小篆　　楷书

"户"是象形字。甲骨文"户"像一块有转轴的木板，是门的一半。小篆的上部分演变成不完整的小门。楷书将小篆不完整的小门上格淡化成一点或一短横。

造字本义

户：本义指装在建筑物出入口、可以开关的单扇门板，引申为住户、人家。又指从事某职业的人或家庭，后还引申为居室。

汉字词条

安家落户　门当户对　千家万户　家喻户晓
朱门绣户　云窗月户　家传户诵　清门静户

汉字文迹

一扇曰户，两扇曰门。又在于堂室东曰户，在于宅区域曰门。

———《字书》

未有入室而不由户者。

———《礼记·礼器》

汉字诗篇

《千字文》（节选）

户封八县，家给千兵。
高冠陪辇（niǎn），驱毂（gǔ）振缨。

元　日

［宋］王安石

爆竹声中一岁除，春风送暖入屠苏。
千门万户瞳（tóng）瞳日，总把新桃换旧符。

汉字故事

永公住吴兴永欣寺，积年学书，后有秃笔头十瓮，每瓮皆数石。人来觅书并请题额者如市。所居户限为之穿穴，乃用铁叶裹之，人谓为铁门限。后取笔头瘗（yì）之，号为退笔冢（zhǒng），自制铭志。

——《尚书故实》

户限为穿

在南北朝时期，陈朝有个著名的书法家名叫智永，本名王法极，会稽山阴（今浙江绍兴）人，是书圣王羲之的七世孙，人称"智永禅师"。他精通各种书法字体，尤其擅长草书。

智永练习书法非常刻苦。据说，他在永欣寺的时候，就曾盖了一座小楼专门用来练字。在这小楼里，他如痴如醉地练字，毛笔用了一支又一支。他把写坏的毛笔随手投入大瓮里，天长日久，就积了十瓮。后来，他把这些废笔集中葬在一个地方，自己撰写铭志，称为"退笔冢"。他还曾抄写《千字文》八百多本，分别送给几百所寺院，每寺分得一本，大家都把它当宝贝似的珍藏。

经过三十多年的努力，智永大师的书法大有进步。

135

他的名气越来越大，向他求字的人也越来越多。每天，人们川流不息地拜访他，永欣寺热闹非凡。他所住的屋子，因来访者出出进进络绎不绝，门槛都被踏破了，这就叫"户限为穿"。后来，智永大师住处的门槛只好包上一层铁皮来加以保护，人们称之为"铁门槛"。

汉字链接

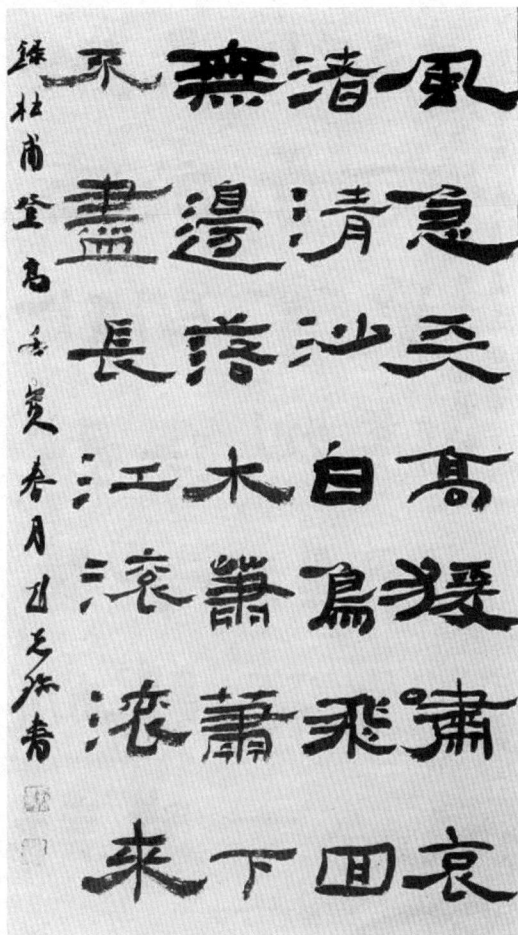

风急天高猿啸哀，
渚清沙白鸟飞回。
无边落木萧萧下，
不尽长江滚滚来。

录杜甫登高 癸亥春月于石屏

彭志珍 书

彭志珍 书

国之干城

工欲善其事，必先利其器。

——《论语》

弓

汉字演变

甲骨文　　金文　　小篆　　楷书

　　"弓"是象形字。甲骨文的"弓"像弓形，左边是弓背，右边是弓弦。金文像一张松了弓弦的弓。小篆的写法由金文而来，并整齐化。隶变后，楷书写作"弓"。

造字本义

　　弓：本义为射箭或者打弹的工具。

汉字词条

杯弓蛇影　惊弓之鸟　鸟尽弓藏　跃马弯弓
袭冶承弓　楚弓复得　鞋弓袜小　克传弓冶

汉字文迹

舞袖弓腰浑忘却，蛾眉空带九秋霜。

——《酉阳杂俎·诺皋记》

既张我弓，既挟我矢。

——《诗经·小雅·吉日》

汉字诗篇

《百家姓》（节选）

井段富巫，乌焦巴弓。

牧隗山谷，车侯宓（fú）蓬。

塞下曲

［唐］卢纶

林暗草惊风，将军夜引弓。

平明寻白羽，没在石棱中。

汉字故事

乐广字修辅，迁河南伊，尝有亲客，久阔不复来，广问其故，答曰："前在坐，蒙赐酒，方欲饮，见杯中有蛇，意甚恶之，既饮而疾。"于时河南听事壁上有角，漆画作蛇。广意杯中蛇即角影也。

——《晋书·乐广传》

杯弓蛇影

晋朝时期，有一个叫乐广的人，他十分好客。

有一天，乐广请他的朋友们在家中的大厅里喝酒。喝酒时，他朋友突然看见自己的酒杯里有一条小蛇的影子在晃动，感到十分害怕，可是碍于情面还是把酒喝了下去。喝完后，他心里十分难受，一回到家中就一病不起。

过了几天，乐广听到朋友生病的消息，连忙过去看他。得知朋友生病的原因，乐广想：酒杯里绝对不可能有蛇，那到底是什么原因？于是，他就跑到那天喝酒的地方去察看。原来，在大厅墙上，挂有一把漆了彩色的弓。那把弓的影子，恰好映在朋友放酒杯的地方。乐广倒了一杯酒，把酒杯放在那儿，果然，酒杯里出现了弓的影子，这影子像极了一条小蛇。

乐广明白了其中的原因，马上跑到朋友家里，把事情的前因后果解释给他听。朋友听完，长舒了一口气，病就立刻好了。

车

汉字演变

甲骨文　　　金文　　　小篆　　楷书（繁体）　楷书

"车"是象形字。甲骨文的"车"是一辆车子的俯视图，金文的形态基本上与甲骨文相同。小篆的形态仅保留了一个车轮。隶变后，楷书（繁体）写作"車"。汉字简化后，写作"车"。

造字本义

车：本义为车子，陆地上有轮子的运输工具。后来那些靠轮轴转动而工作的工具也被称为"车"。

汉字词条

杯水车薪　闭门造车　素车白马　前车之鉴

安步当车　车水马龙　轻车熟路　舍车保帅

汉字文迹

夜来城外一尺雪，晓驾炭车辗冰辙。

——《卖炭翁》

比至陈，车六七百乘，骑千余，卒数万人。

——《史记·陈涉世家》

汉字诗篇

《声律启蒙》（节选）

铢对两，只对双，华岳对湘江。

朝车对禁鼓，宿火对寒缸。

山　行

[唐] 杜牧

远上寒山石径斜，白云生处有人家。

停车坐爱枫林晚，霜叶红于二月花。

汉字故事

昔在黄帝，作舟车以济不通。

——《汉书·地理志》

黄帝造车

上古时期，因条件有限，人们只能靠双脚行走。假如要去很远很远的地方，少说也要走好几天路，脚都被磨破了。为了获取食物，人们必须经常搬家，时常都要携着家眷，搬着家当，走很长很长的路，生活很不方便。

黄帝是当时一个部落的首领，看到这种情况，十分心痛，心想：有什么办法能改善人们的生活呢？

有一天，黄帝带着族人走路，突然刮起了一阵大风。一顶帽子被大风吹得向前滚动，越滚越快。看到这种场景，黄帝顿时有了灵感，如果制作出能滚动的架子，用来搬运东西，不是既轻松又方便吗？他越想越兴奋，回到家里，马上动手做了起来。经过不断的改进，他终于做出了能滚动的架子。

之后，仓颉照着架子的样子描摹，对黄帝说："它就叫作'车'吧！"黄帝看了，非常赞同。

戈

汉字演变

甲骨文　　　金文　　　小篆　　　楷书

"戈"是象形字。甲骨文和金文都像戟之形。小篆字形发生了变化，不大能看得出戟的样子了。隶变后，楷书写作"戈"。

造字本义

戈：本义为古代一种长柄横刃的兵器。后泛指兵器。由兵器又引申指战争。

汉字词条

金戈铁马　枕戈待旦　砺戈秣马　止戈兴仁
铸甲销戈　挥戈退日　倒持干戈　卷甲韬戈

汉字文迹

戈，平头戟也。从弋，一横之。象形。凡戈之属皆从戈。

——《说文解字·戈部》

左右军士，皆全装贯带，持戈执戟而立。

——《三国演义》

汉字诗篇

《增广贤文》（节选）

克己者，触事皆成药石；
尤人者，启口即是戈矛。

过零丁洋（节选）

[宋] 文天祥

辛苦遭逢起一经，干戈寥落四周星。
山河破碎风飘絮，身世浮沉雨打萍。

汉字故事

琨（kūn）少负志气，有纵横之才，善交胜己，而颇浮夸。与范阳祖逖（tì）为友，闻逖被用，与亲故书曰："吾枕戈待旦，志枭逆虏，常恐祖生先吾著鞭。"

——《晋书·刘琨传》

枕戈待旦

西晋时期，国家内忧外患，风雨飘摇。祖逖和刘琨都是性格开朗、行侠仗义的志士。年轻时，他们不但文章写得好，而且都喜欢练武健身，决心报效祖国。

祖逖和刘琨经常在一起谈论国事，互相鼓励。有一天，他们聊到了深夜，刘琨不知什么时候睡着了，祖逖却久久沉浸在谈话的兴奋之中，不能入睡。突然，一阵鸡鸣，祖逖一跃而起，叫醒了刘琨："听，这雄鸡啼鸣多么振奋人心呀，快起来练剑吧！"于是，两人操起剑来，在高坡上对舞。从此，他俩每天清早听到头一声鸡叫，就来到荒原上抖擞精神，练起剑来。

后来，祖逖成了大将军，带领军队北伐，收复了一些失地。刘琨得知，非常高兴，给家人写信："在国家危难时刻，我经常'枕戈待旦'（枕着兵器睡觉一直到天明），立志报国，常常担心落在祖逖后边，不想他到底走到我的前头了。"

舟

汉字演变

甲骨文　　金文　　　小篆　　　楷书

　　"舟"是象形字。甲骨文、金文都像一只带有隔板的小船之形。小篆字形发生了一些变化，上端的曲线很像船尾的舵。隶变后，楷书写作"舟"。

造字本义

　　舟：本义就是船。舟是被水托起来的，因而搁茶碗的小托盘被古人叫作"茶舟"，今天也叫"茶船"。

汉字词条

　　风雨同舟　破釜沉舟　刻舟求剑　木已成舟
　　同舟共济　顺水推舟　一叶扁舟　载舟覆舟

汉字文迹

　　舟，船也。古者，共鼓、货狄刳（kū）木为舟，剡（yǎn）木为楫，以济不通。象形。凡舟之属皆从舟。

——《说文解字·舟部》

　　舟以行川谷。

——《墨子·节用》

汉字诗篇

《笠翁对韵》（节选）

　　杨柳岸，荻芦洲，语燕对啼鸠。
　　客乘金络马，人泛木兰舟。

江上渔者
［宋］范仲淹

　　江上往来人，但爱鲈鱼美。
　　君看一叶舟，出没风波里。

汉字故事

楚人有涉江者，其剑自舟中坠于水，遽（jù）契其舟，曰："是吾剑之所从坠。"舟止，从其所契者入水求之。舟已行矣，而剑不行，求剑若此，不亦惑乎？

——《吕氏春秋·察今》

刻舟求剑

战国时期，有个楚国人坐船过江。

到了江心，他一不小心将自己随身携带的宝剑掉落到江中。他伸手去抓的时候，为时已晚，宝剑已经沉入水底。船上的人对此都感到非常惋惜。那楚人却很淡定，他掏出一把小刀，在船舷上刻上个记号，还喃喃自语："这是我宝剑落水的地方，所以我要刻上一个记号。"大家都很奇怪，但也没有问他为什么要这样做。

船靠岸后，楚国人立刻就在船上刻有记号的地方跳下水，去捞取掉入江中的宝剑。他捞啊捞，捞了很久却始终不见宝剑的影子，还唠唠叨叨："我的宝剑不就是从这里掉下去的吗？我还在这里刻上了记号，现在怎么会找不到呢？"这时，船上那些人纷纷大笑起来，说："船一直在行进，而你的宝剑却沉入了水底，不会随船移动，船靠岸了，怎么可能找得到你的宝剑呢？"

刀

汉字演变

甲骨文　　金文　　小篆　　楷书

　　"刀"是象形字。甲骨文和金文都像刀尖向上、刀刃向左的一把刀。小篆的刀尖弯曲得夸张。隶变后,楷书写作"刀"。

造字本义

　　刀:本义为古代兵器名。后来引申泛指用于切割砍削的有锋刃的工具,如"剪刀""木工刀";也泛指所有像刀的东西,如"冰刀"。

汉字词条

大刀阔斧　单刀直入　刀下留人　畏刀避箭
单刀赴会　拔刀相助　蜜里藏刀　心如刀绞

汉字文迹

刀，兵也。象形。凡刀之属皆从刀。

——《说文解字·刀部》

中刑用刀锯。

——《国语·鲁语》

汉字诗篇

《笠翁对韵》（节选）

琴对瑟，剑对刀，地迥对天高。
峨冠对博带，紫绶对绯袍。

塞下曲

［唐］卢纶

月黑雁飞高，单于夜遁逃。
欲将轻骑逐，大雪满弓刀。

汉字故事

义府貌状温恭，与人语必嬉怡微笑，而褊（biǎn）忌阴贼。既处要权，欲人附己，微忤意者，辄加倾陷。故时人言义府笑中有刀。

——《旧唐书·李义府传》

笑里藏刀

古时候，有个叫李义府的人，因善于写文章，被推荐当了监察御史。李义府还善于奉迎拍马，他曾写过文章颂扬唐太宗，也因此博得唐太宗的赏识。唐高宗时，李义府又得到高宗的信任，任中书令。从此，他更加飞黄腾达。

李义府外表温和谦恭，和人说话时总是面带微笑，但大臣们都知道，他心地极其阴险、狠辣，于是都说他笑里藏刀。李义府不仅在朝中为所欲为，还培植亲信，放纵妻儿向人索取钱财，随意向别人封官许愿。唐高宗知道这些事情后，曾委婉地告诫过他，但李义府却不放在心上。

有一次，李义府在宫中看到一份任职名单书，让儿子把即将任职的人找来，对他说："你不是想做官吗？几天内诏书即可下来，你该怎样酬谢我？"那人见有官做，马上奉上厚礼。之后，唐高宗得知了此事，不能再容忍下去了，就以"泄露机密"为借口，将李义府父子发配到边疆。

汉字链接

小 篆

秦代"峄（yì）山刻石"

小篆，又称秦篆，是秦统一后经过丞相李斯整理的一种通行书体。他在籀（zhòu）文的基础上删繁就简，创立秦篆，统一了全国的文字。

小篆有的铸造在青铜上，有的刻在岩石上。其传世代表作有《泰山刻石》（残部）及《泰山》《琅琊台》二石真迹拓片，还有《会稽刻石》《峄山刻石》后人摹刻本等。

小篆字形修长，笔画横平竖直，圆劲均匀，粗细基本一致。平衡对称，上紧下松，呈现出了汉字书写的独特魅力。

汉字发展到小篆阶段，逐渐在轮廓、笔画、结构方面开始定型，象形意味削弱，使文字更加符号化，减少了书写和认读方面的混淆和困难。小篆是秦朝对旧字体的整理，在中国文字发展史上扮演着重要的角色。

四正八邪

　　道生一，一生二，二生三，三生
万物。

——《道德经》

汉字演变

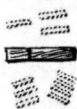

| 甲骨文 | 金文 | 小篆 | 楷书 |

"一"是特殊指事字，甲骨文、金文、小篆和楷书都写成一横。抽象符号"一"既代表最为简单的起源，也代表最为丰富的混沌整体。

造字本义

一：最小原始单位，最小的正整数。古人认为，"道立于一，一生二，二生三，三生万物"。一，代替混沌太初的整体。

汉字词条

一匡天下　一鸣惊人　一心一意　一如既往
一知半解　万众一心　首屈一指　一叶知秋

汉字文迹

惟初太始，道立于一，造分天地，化成万物。

——《说文解字·一部》

一也者，万物之本也。

——《淮南子·诠言》

汉字诗篇

《三字经》（节选）

人遗子，金满籯（yíng）。我教子，唯一经。
勤有功，戏无益。戒之哉，宜勉力。

上堂开示颂

〔唐〕黄檗（bò）禅师

尘劳迥（jiǒng）脱事非常，紧把绳头做一场。
不经一番寒彻骨，怎得梅花扑鼻香。

汉字故事

公与之乘，战于长勺。公将鼓之。刿曰："未可。"齐人三鼓。刿曰："可矣。"齐师败绩。公将驰之。刿曰："未可。"下视其辙，登轼而望之，曰："可矣。"遂逐齐师。

既克，公问其故。对曰："夫战，勇气也。一鼓作气，再而衰，三而竭。彼竭我盈，故克之。夫大国，难测也，惧有伏焉。吾视其辙乱，望其旗靡，故逐之。"

——《曹刿论战》

一鼓作气

春秋时期，齐国与鲁国的军队在长勺交战。

齐军率先擂鼓，鲁庄公见此，也准备迎战，曹刿劝阻："现在还不可以！"等到齐军击过三通鼓后，曹刿对鲁庄公说："可以击鼓进攻了！"随着鼓声的响起，齐军大败。这时鲁庄公想乘胜追击，又被曹刿阻止。曹刿下车仔细观察地面上车辙印，又登上车前的横木，观望齐军退走的情形，说"现在可以追击了！"鲁国于是追击齐军。

战争胜利后，鲁庄公询问曹刿原因，曹刿回答道："两军交战，士气是最重要的。第一次擂鼓，士兵的士气最为旺盛，第二次擂鼓，士气就会稍微衰落，等到第三次擂鼓时，士兵的战斗士气已经枯竭了！这次和齐军交战，他们三次击鼓，正是士气最低落的时候，而我们士气却是最旺盛的时候，所以我们才能打败他们。然而像齐国这样的大国，他们在用兵方面难以预测，我担心他们会有埋伏，于是下车察看，看到他们的车辙痕迹混乱，旗帜也倒下了，由此断定他们是真的被打败了，所以才敢放心地追击。"

八

汉字演变

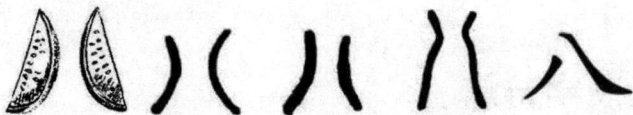

甲骨文　　金文　　小篆　　楷书

八，特殊指事字。甲骨文用相背的两条弧线")("表示物体被分为两部分。金文、小篆承续甲骨文字形。楷书笔画化。隶变后，楷书写作"八"。

造字本义

八：本义为相背分开，文献用例较少，后被假借表示数目之词，且久"借"不返，本义遂不再为后人所熟知。常用字义为表示数目。

汉字词条

才高八斗　　十有八九　　七言八语　　十之八九

四通八达　　七七八八　　八仙过海　　耳听八方

汉字文迹

八，别也。象分别相背之形。

——《说文解字·八部》

秦王复击轲，被八创。

——《战国策·燕策》

汉字诗篇

《三字经》（节选）

莹八岁，能咏诗。泌七岁，能赋棋。

彼颖悟，人称奇。尔幼学，当效之。

不第后赋菊

［唐］黄巢

待到秋来九月八，我花开后百花杀。

冲天香阵透长安，满城尽带黄金甲。

汉字故事

则俺这八仙过海神通大，方显这众圣归山道法强，端的万古名扬。

——《八仙过海》

八仙过海

相传很久以前，八仙前去参加王母娘娘的蟠桃盛会，途经东海，只见那东海波涛汹涌，巨浪滔天。

吕洞宾见此，提议用各自的法宝，各显神通，渡过大海。铁拐李第一个赞同，他将手中的拐杖往海上一抛，拐杖便轻轻地漂浮在海面上，铁拐李纵身一跃，稳稳地落在拐杖上面。这时，汉钟离也拍了拍手里的响鼓，扔进了海里，一个回旋，盘腿坐在鼓上，俨然一副老僧模样。

张果老也从怀里掏出一张纸折成一头毛驴，纸毛驴四蹄落地后，张果老便倒骑在驴背上，向众仙人挥挥手，踏浪而去。

吕洞宾则不慌不忙地抽出拂尘，向海中一指，海水顿时分成两半，让出一条宽敞大道来。韩湘子也不甘示弱，从怀中掏出一本书来，抛到海中，自己单足站在上面，随后又取出箫管，吹奏起悠扬的曲子。

曹国舅也取出玉笏板，乘风而去。蓝采和也取出花篮放进海中，花篮顿时变大数倍，载他飘然而去。

何仙姑微微一笑，从头上取下一朵荷花放入海中，那荷花霎时就变成了一条荷花船，载着仙姑缓缓飘过海去。

东

汉字演变

| 甲骨文 | 金文 | 小篆 | 楷书（繁体） | 楷书 |

　　"东"是象形字。甲骨文像一个两头扎起来、里面装了货物的大口袋。金文多了许多线条。小篆将字形规范化了。隶变后，楷书（繁体）写作"東"。汉字简化后，写作"东"。

造字本义

　　东："东，动也。从木。官溥说：'从日在木中。'"许慎认为，当太阳顺着树木往上升起时，表现出的是一种动势，因而将"东"释为"动"。也指日出的方向，即东方。

汉字词条

东山再起　东海捞针　东风浩荡　紫气东来

东奔西走　东道之谊　旭日东升　东洋大海

汉字文迹

大江东去，浪淘尽，千古风流人物。

——《念奴娇·赤壁怀古》

悍吏之来吾乡，叫嚣乎东西，隳（huī）突乎南北。

——《捕蛇者说》

汉字诗篇

《笠翁对韵》（节选）

风高秋月白，雨霁晚霞红。

牛女二星河左右，参商两曜斗西东。

竹枝词

［唐］刘禹锡

杨柳青青江水平，闻郎江上唱歌声。

东边日出西边雨，道是无晴却有晴。

汉字故事

晋侯、秦伯围郑……。夜缒而出，见秦伯，曰："秦、晋围郑，郑既知亡矣。若亡郑而有益于君，敢以烦执事。越国以鄙远，君知其难也，焉用亡郑以陪邻？邻之厚，君之薄也。若舍郑以为东道主，行李之往来，共其乏困，君亦无所害。……"秦伯说（yuè），与郑人盟。

——《左传·烛之武退秦师》

东道主

春秋时期，晋文公与秦穆公联合向郑国发起了攻击，郑国危在旦夕。郑文公走投无路，只得向自己的老臣烛之武请教，希望他可以化解这次危难。于是，趁着夜色烛之武悄悄潜入秦军大营，求见秦伯。

守卫士兵不让他进去，烛之武就在营帐外放声大哭。秦伯听到了，大发雷霆："你是何人，为何哭号？"烛之武说："我是郑国的烛之武，我在哭郑国要灭亡了。"秦伯很奇怪："你要哭郑国，为什么跑到我这里来哭呢？"烛之武说："郑国和秦国中间隔着一个晋国，如果郑国灭亡了，晋国会变得更强大，对秦国也会有威胁的啊！"秦伯静静地听着，频频点头："烛大夫所言极是，我险些犯了大错。""如果您肯退兵，郑国和秦国之间和平友好，日后秦国往来东方，郑国一定做一个东方道路上的好主人，热情招待秦国使节，这对贵国又有什么不好呢?"烛之武接着说。

于是，秦国退兵，郑国最终得救了。从此，"东方道路上的好主人"被称为"东道主"，"东"就有了"主人"的意思。

西

汉字演变

甲骨文　　金文　　小篆　　楷书

"西"是象形字。甲骨文像鸟巢的形状。金文与甲骨文相似。小篆上方增加了一条像鸟儿姿态的曲线，表示鸟在巢里栖息。隶变后，楷书写作"西"。

造字本义

西：本义就是栖息，因日落西山时鸟儿归巢栖息，后引申为方向"西"的意思。

汉字词条

中西合璧　东邻西舍　西窗剪烛　西风斜阳
东鳞西爪　声东击西　学贯中西　西子捧心

汉字文迹

西望夏口，东望武昌，山川相缪，郁乎苍苍，此非孟德之困于周郎者乎？

——《赤壁赋》

忆佛在西土，乃遂西。

——《聊斋志异·汤公》

汉字诗篇

《三字经》（节选）

曰南北，曰西东。
此四方，应乎中。

送元二使安西

［唐］王维

渭城朝雨浥（yì）轻尘，客舍青青柳色新。
劝君更尽一杯酒，西出阳关无故人。

汉字故事

大先生，三十年河东，三十年河西。就像三十年前，你二位府上何等气势，我是亲眼看见的。而今彭府上，方府上，都一年胜似一年。

——《儒林外史》

三十年河东，四十年河西

传说，唐代的军事家郭子仪一家非常富有。可惜，他有个孙子名叫郭胜，从小过惯衣来伸手，饭来张口的日子。郭胜渐渐长大后，文不愿提笔，武不喜拿枪，也不想考取功名，终日结交一帮狐朋狗友，花钱大手大脚，成了一个十足的纨绔子弟。家产很快被他耗尽，长辈也相继过世了，他只能沿街乞讨。

有一天，郭胜来到河西庄，想起小时候的奶妈就住在这里。他进庄问了路，沿路走去，映入他眼帘的竟然是一座气派的大宅院。主人见了郭胜，忙请他进来，只见前院粮仓林立，后院牛马成群。郭胜不由得惊诧，问主人："你家这么富贵，守在家里享福多好啊！为啥你还亲自耕作呢？"主人说："母亲已去世多年，在世时常教导我天道酬勤的道理，这也是我辛苦多年才挣得的家业，如果不继续辛勤劳作，也会有坐吃山空的一天，只

175

有勤俭才能让人真正过上幸福的生活啊!"郭胜听了主人一席话,感慨万千,说:"真是三十年河东,四十年河西啊!"

下

汉字演变

甲骨文　　金文　　小篆　　楷书

　　"下"是指事字。甲骨文上面的长弧线表示地面，下面的短横表示地下。金文和小篆都是由此演化而来。隶变后，楷书写作"下"。

造字本义

　　下："下"的本义是指示方向，也用来表示底部、低处，又引申指去往（从高处到低处）。

汉字词条

居高临下　对症下药　不相上下　承上启下
名满天下　甘拜下风　花前月下　威震天下

177

汉字文迹

吾恐不能守矣，欲以城下，何国之可下？

——《韩非子》

先天下之忧而忧，后天下之乐而乐。

——《岳阳楼记》

汉字诗篇

《三字经》（节选）

幼而学，壮而行。上致君，下泽民。
扬名声，显父母。光于前，裕于后。

寻隐者不遇

〔唐〕贾岛

松下问童子，言师采药去。
只在此山中，云深不知处。

汉字故事

楚襄王问于宋玉曰："先生其有遗行与？何士民众庶不誉之甚也。"宋玉对曰："唯，然，有之。愿大王宽其罪，使得毕其辞。客有歌于郢（yíng）中者，其始曰《下里》《巴人》，国中属而和者数千人；其为《阳阿》《薤（xiè）露》，国中属而和者数百人；其为《阳春》《白雪》，国中有属而和者不过数十人。引商刻羽，杂以流徵（zhǐ），国中属而和者，不过数人而已。是其曲弥高，其和弥寡。"

——《对楚王问》

下里巴人

战国后期，楚国有位著名的辞赋家叫宋玉。他为官清正，颇有主见。

有一天，楚王听别人说了他一些坏话，就把宋玉找来问道："你是不是有什么地方做得不对啊？不然，为什么有那么多人都对你不满意呢？你要好好检讨一下自己！"

宋玉赶紧回答："先让我说件事吧！有一个外地人在市中心唱歌，他先是唱《下里》《巴人》一类的通俗民谣，人们很熟悉，有几千人都跟着唱起来；接着他又唱起比较高深的《阳阿》《薤露》，跟着唱的就只有几百人了；当他再唱起高雅的歌曲《阳春》《白雪》时，跟着唱的就仅剩几十人了；最后他唱起用商调、羽调和徵调谱成的曲子时，人们都走开了，只剩下两三个人能听懂，勉强能跟着唱。所以说啊，曲子越精深，跟着唱的人就越少。"接着，宋玉又说："文人之间也是一样，那些了不起的人物志向远大、行为高尚，常人当然不会理解了，我的情况正是这样的啊！"

楚王听了宋玉这番话，觉得很有道理，就没有再追问下去。

汉字链接

李爱民 书

唐积田 书

后 记

　　《汉字趣读——小学语文字理教与学》一书是在新邵县教育局、酿溪镇督管办和学校有关部门的大力支持下才得以与读者见面。"立足教材　探寻字理教学的研究与实践"课题组成员在学校办学理念"幸福教育"（办幸福教育　创成功文化　建探究课堂　做智慧教师　育阳光学生　结知心朋友）的指导下，结合教学教研实践，精心创编，以字为核心，图文结合展示汉字演变的过程；本书以字为媒介，链接与汉字相关的成语、诗文、典故等内容，力求让学生在群文阅读的情境下，徜徉于"字"和"文"之间，真正感受汉字文化的璀璨、浪漫。

　　本书由湖南省新邵县酿溪镇第一完全小学组织编写，湖南省新邵县酿溪镇第一完全小学校长曾志权、酿溪镇第一完全小学教师杨艳担任主编。

　　冉轩睿、陈叶、邓喆等出版专业人士对本

书的整体策划和修改完善给予了悉心指导；石剑光、谢超莲等多次审阅图书内容，并提出修改建议；李爱民、唐积田、罗太平、彭志珍、杨清查等书法家参与了本书的编写。湖南吉书文化传播有限公司在图书的总体策划、样稿修改、文字整理、出版事务等诸多方面给予了全方位的指导，提出了诸多有益的建议。

在本书的编写、出版过程中，有许多同仁提供了诸多帮助，出版社编辑进行了认真细致的修改完善，在此表示真诚的谢意。本书在写作过程中参考了一些相关的专业资料，在此向作者一并致谢。

期盼使用本书的教师、学生、家长提出宝贵意见，你们的意见，将会是我们进一步研究提升的方向。由于编者水平有限，编写时间较紧，本书难免存在一些不足与疏漏，恳请各位读者给予批评指正。